名师名校名校长

凝聚名师共识
回应名师关怀
打造名师品牌
培育名师群体

　　　　明远题

名师名校名校长书系

高中物理教与学

——同行互助促成长

华　琳　钟　路　邱锦辉/主编

东北师范大学出版社

长　春

图书在版编目（CIP）数据

高中物理教与学：同行互助促成长 / 华琳，钟路，
邱锦辉主编. — 长春：东北师范大学出版社，2019.7
ISBN 978-7-5681-6034-6

Ⅰ . ①高… Ⅱ . ①华… ②钟… ③邱… Ⅲ . ①中学物
理课—教学研究—高中 Ⅳ . ①G633.72

中国版本图书馆CIP数据核字（2019）第141735号

□策划创意：刘　鹏
□责任编辑：张　露　张　冉　□封面设计：姜　龙
□责任校对：刘彦妮　张小娅　□责任印制：张允豪

东北师范大学出版社出版发行
长春净月经济开发区金宝街 118 号（邮政编码：130117）
电话：0431-84568115
网址：http://www.nenup.com
北京言之凿文化发展有限公司设计部制版
廊坊市金朗印刷有限公司印装
廊坊市广阳区廊万路 18 号（邮编：065000）
2022年6月第1版　2022年6月第1次印刷
幅面尺寸：170mm×240mm　印张：14.5　字数：232千

定价：45.00元

编 委 会

目 录 CONTENTS

第一篇　个人专业发展

第二篇　同行互助

第三篇 教育科研

第四篇 引领辐射

第五篇 教育感悟

第一篇

个人专业发展

1

不忘初心，孜孜以求

广东省中山市华琳名师工作室主持人助理　　钟　路　　邱锦辉

华琳，女，汉族，广东省中山市第一中学物理教师，在高中物理教学一线授课36年，担任班主任25年。她的课高效、生动，深受学生喜爱。她是社会公认的"匠心仁师"，被同事们称赞为教学"常青树"。2009年12月，华琳作为一线普通教师成了广东省首批中学正高级教师（全省共26位），在中山教育史上，是唯一一位正高级教师。

一、立志——成为一位学会奉献、积极投身伟大教育事业的教师

1982年7月，年仅19岁的华琳告别美丽的大学校园，带着刚毕业的一丝稚气和一腔热血走上了神圣的三尺讲台，成为一位光荣的人民教师，开启了属于她的教育教学之路。从一位充满梦想与激情的青年教师到年过半百的教育名师，她在平凡的岗位上已走过了36载。36年，她看着一批批孩子带着梦想而来，捧着收获而去；36年，时光洗去了她的铅华，粉尘染白了她的双鬓；36年，让她这样一个懵懂而羞涩的新人，成了一名为教育事业增光添彩的建设者。

从教之日起，华琳的心里就默默埋下了一颗"种子"——立志成为一位积极投身伟大教育事业的教师，为学生成长奉献自己的力量！于是，学生就成了她生命的大部分。她时时刻刻都在惦记着那帮学生。为了学生，她常常早出晚归。学生病了，她跑前跑后；学生思想有波动了，她耐心开导。她把每一名学生都当作自己的孩子，甚至比对自己的孩子还要耐心和细致。

有一次台风在中山附近登陆，狂风暴雨向中山正面扑来。心系学生的华

琳硬是让她先生开着家里的摩托车送她去学校看望住校的学生。可怜的小摩托在狂风暴雨中艰难地行驶着，还时不时地被迫停下，待调整好坐姿和方向后，她和先生又慢慢地往学校开去。赶到学校时，夫妻俩都成了落汤鸡，只为确认学生是否平安在校。中秋节是我国的传统佳节，是家人团聚的节日。在2008之年前，中秋节不是公共假期，大部分学生均无法回家与家人团圆，只能留在学校过节。为了营造节日气氛，减少学生的孤独感，华琳总是带着先生、女儿一起拿着月饼、水果、花生、瓜子等食品，到学校和学生在食堂一起过节，将他们视为家人。

高考期间，华琳担心学生的高度紧张会影响水平的发挥，每天下午下班后都会赶到水果铺采购西瓜、哈密瓜、苹果、香蕉等。晚上她带上水果和学生一起交流沟通，帮助他们减轻压力，让他们在高考中能轻装上阵、从容面对。一件件小事，即便是学生在毕业多年后，还常提起……在日复一日、年复一年的师生相伴中，华琳总是不顾自身的年龄和身体，每天早早地出现在班里，尽量利用中午休息间隙赶到各宿舍和学生促膝谈心、鼓劲减压，深夜等学生熄灯睡下后才离开。为了让家长及时了解学生在校情况，华琳还常常在下班后，利用校迅通将学生考试和备考情况告诉家长，家长们都对她的细致周到感到放心和感动。他们常说："孩子放在华琳老师的班里很安心，每个阶段要做什么、怎么做都清清楚楚，与孩子间沟通很顺畅，很开心。"在家长中，华琳的教育水平和师德修养早已传为佳话。她付出的努力、耐心和细致都得到了回报。她所带班级总是能在高考中发挥出最佳水平，超额完成各项指标，她也因此成了学校的标兵班主任。

华琳从教36年来，大部分时间任教高三毕业班。在中山市第一中学任教23年来，她承担了11届高中毕业班的物理教学。在高考中，她所教班级物理科平均成绩排在同类班级的首位，其中98届高三（7）班43人参加高考，800分以上2人，700分以上17人，包揽了中山市前6名，平均分683分，比同年广州华师附中物理班中的最好成绩还高出30多分，创造了中山市第一中学乃至中山市高考物理科的历史最好成绩。08届高考物理学科成绩全校140分以上共7人，她所教的实验班（非竞赛班）占6人，平均分122分，再创中山市第一中学同类班物理的最好成绩，并因此荣获中山市高三学科优秀教师奖。2012年，华琳所带的高三（2）班，90%的学生进入985、211工程大学，最后一名被福建医科大学录取。如今，她的学生早已遍布牛津、伯克利、北大、清华和复旦等国内外名校。

二、立诚——以诚为先，忠于教育，只为学生成人成才

习近平总书记指出，教育公平是社会的重要基础，要不断促进教育发展成果更多更公平地惠及全体人民，以教育公平促进社会公平正义。

著名的教育家陶行知先生曾这样评价教师的工作，"捧着一颗心来，不带半根草去"。每一位教师工作的原动力绝非各种耀眼的光环，而是自己真诚纯洁的心。说句心里话，对于华琳这样一个一辈子扎根在讲台，一辈子与学生朝夕相处的人来说，她的生命早已与校园融为一体，她的心跳早已与急促的铃声共起伏。

担任了3届广东省中山市华琳名师工作室主持人的华琳常说："热爱一名学生就等于塑造一个人才，厌弃一名学生无异于毁掉一个人才。"华琳认为，身心健康是青少年学生的头等大事，她将如何促进学生身体健康和调整学生心理作为教育工作的重心。在班级管理中，她提倡"简单的事件重复做"，要求全班学生坚持每天15分钟的自主有氧运动，培养学生优秀的意志品质；以"超常的能力来自超常的学习"为口号激励学生刻苦学习；以宿舍为单位开展学习、生活和社团的竞赛活动，培养协作能力。经过两年多的训练，在高三校运会上，学生们奋勇争先，由高一分班时的团体总分第24名上升为第4名，极大地鼓舞了学生的士气，学生学习积极性被全面激发。高考前，她所带班级学生的整体精神状态明显优于平行班。华琳老师的师德修养和先进的教育理念、实践成果，深得学生和家长的信任，被同行誉为"点石成金"的神人。

2008届她带的班中有一名叫马某某的学生，坐不住，静不下来，有些多动症特质。记得在高三时，课间他玩眼镜，将眼镜架边上的小螺丝弄掉了，在接下来的化学课上他旁若无人地忙碌了一节课——到处翻找，完全无视老师和同学的存在。他常常不按时完成作业，成绩上不去，科任教师不胜其烦；他总是找借口不在课室自修，比如，说去洗手间或是说某科任教师找他。为了不影响其他学生学习，华琳老师只能是自己满校园找，后来总算是发现了他的行动规律，他总是到图书馆借小说，然后躲藏在某个角落里旁若无人地看小说或是到电子阅览室玩游戏。华琳老师与他的家长电话联系，家长的态度也十分消

极，但她并未放弃。在一次次深入了解和调查中，她认真寻找马某某问题的原因和解决的办法，不仅积极与家长沟通，了解学生成长历程，还多次向心理教师和相关医师请教，寻求科学的解决办法。终于，功夫不负有心人，在华琳的努力协调和教育下，这位学生的学习状态和生活情况渐入佳境，且学习成绩明显进步。在华琳的影响下，他还立志要成为教师，为教育事业贡献自己的力量。最终，他以622分的好成绩考上了华南师范大学。

华琳常说："不同类型，不同层次的学生都享有平等的发言权，这才是教育。"教师必须顺应学生内在的成长规律，尊重学生的个性，才能取得育人的最佳效果，使每名学生在各自原有的基础上得到不同程度的最大发展。

三、立品——敦品敏行，做学生难于忘怀的好老师

习近平总书记指出，一个人遇到好老师是人生的幸运，一个学校拥有好老师是学校的光荣，一个民族源源不断地涌现出一批又一批好老师则是民族的希望。

36年来的付出，让华琳收获了各项荣誉：广东省基础教育课程资源研究开发中心成员、中山市物理中心教研组成员、中山市教师进修学院客座高级讲师、广东省高级教师职称评委……此外，她还成为广东省首批中山市首位中学正高级教师，并获"广东省三八红旗手""全国巾帼建功立业标兵"等荣誉称号。

在教育教学中，华琳有"三不"原则：不抢学生的课后学习时间，不占用其他科目的学习时间，不让属于物理科目的学习时间。她更愿意帮助学生通过合理的分配时间，使学生的学习变得轻松高效。事实证明，她的"三不"原则的确奏效，她所带班级的物理成绩总是名列前茅。此外，华琳对自己的要求也十分严苛——"要么就不做，要做就做最好"是她的做事原则。对于每一节课、每一次作业、每一次教研活动她都认真地对待。记得有一次，为了设计学生分组实验，华琳连续几天待在实验室。实验一遍遍反复做，方案改了又改，只为了一节45分钟的课，力求"在有限的时间内把最好的给学生"。

"华琳就像一位和蔼可亲的妈妈，特别亲切，我们喜欢叫她华姐姐。"中山市第一中学一名学生说。上华琳的课，学生可以学到很多生活中的常识。"她总是教我们将书本上的知识运用到实际生活中，上一次我们班在拔河比赛

的时候，她就教我们利用增大静摩擦力的知识赢得了比赛。"华琳在学生、同事面前总是那么和蔼可亲，她关爱每一名学生、每一位同事，以及身边的每一个人。有句话是这样说的，"老师是大海中永不熄灭的明灯，给迷途的我们导引方向"。而在学生眼里，华琳不仅给学生指明方向，还陪学生走到成功的彼岸。因为，无论在教室中学习，还是参加课外活动，华琳总是和学生在一起。

华琳说："也许有些人会觉得教师的天地很狭小，其实一点都不是。用心做事，就能收获爱的回报。无数鲜活的事例告诉我们，讲台虽小，但可成千秋伟业；烛光虽弱，亦能照耀万里山河！"

四、立德——以身作则，做尽情燃烧的炉中煤

习近平总书记指出，百年大计，教育为本。教育是人类传承文明和知识，培养年轻一代，创造美好生活的根本途径。

鲁迅先生说，世上本没有路，走的人多了，也便成了路。其实每一条路都通向一个远方。而教师走的是一生奉献的路，是无怨无悔，平凡却又伟大的路，更是一生执着的路！

华琳的每一步都源自脚踏实地、埋头苦干，用尽自身的力量来成为教育事业中一块可以尽情燃烧的炉中煤。长期的身体透支，最终给了她无情的打击。2005年对于她来说是多灾多难的一年，11月份她由于腰椎间盘突出做了9次小针刀手术，那种钻心的疼痛常使她寝食难安，如坐针毡。医生劝她住院治疗。她痛苦地徘徊在医院的长廊上。常言道："铁打的营盘流水的兵。"尽管她知道他们每个人必将离开美丽的校园，她也会告别可爱的学生，可她不想这一刻来得如此突然且又如此猛烈，更不想在高三冲刺的紧要关头，还让那些原本压力就大的学生再惦记和牵挂她，所以她每次手术后都咬紧牙关，挣扎着回到学校。

2006年，由于股骨头变形和腰椎间盘突出急剧恶化，原本以为还能坚持的她终于倒在了讲台上，被同事送进了医院。那一瞬间，她才真正感觉到自己很"无力"。对学校的培养而言，在最为关键的时候她却尽不到绵薄之力；对学生和家长而言，在需要运筹帷幄的时候，她却突然倒下；对始终为她操心的家人而言，她又进一步加重了他们的忧虑。就在她"肠一日而九回"的时候，她收到了一封封特殊的来信，那是学生们写的。他们这样深情地劝慰她："老

师，好久没见你了，不知你何时能回来？也许是我们平时做了太多不该做的事情，让你积劳成疾。对不起，请原谅我们的年幼无知。以前老被你提醒，现在该轮到我们来提醒你啦！你要吃好，休息好，放心，我们已经长大，风雨何所惧？""老师，我的字总是写得不好，请你见谅。没了你的日子，我突然发现是如此的不习惯，也许我是一个让你操心的学生，因为叛逆，喜欢吵闹。当我知道你脚和腰疼得无法走路时，我突然愣住了，心里有种莫名的不安。老师，你好好休息养病，请老师放心，我们都在等你回来！"……

一句句感人肺腑的留言，让华琳老师原本疲惫的身心又重新燃起斗志。她积极配合医生治疗，为了早日回到她热爱的岗位上，为了再与她热爱的学生一起奋斗和成长！

五、正学——学无止境，倡科研，示范引领出成效

习近平总书记指出，要按照人才成长规律改进人才培养机制。"顺木之天，以致其性"，避免急功近利，揠苗助长。

如今，对于华琳而言，无论是教学经验还是教研成果，她已是学校里的"老前辈"，但她深知"终身学习"的必要性，所以，她从未停下自己学习的步伐。在2009年被评为广东省首批中学正高级教师后，华琳仍然坚守在教育教学第一线，只为不断探寻教育教学的进步和发展。9年来，她作为班主任完成了从高一到高三的小循环；2012年至今是广东省中山市华琳名师工作室主持人，承担起培养青年骨干教师的重任；开发了两项广东省在职高中物理教师培训在线课程并担任主讲专家；作为主要编者，开发编写和修订了普通高中课程标准实验教科书粤教版《高中物理·必修1》《教师参考用书》《学生辅导用书》，其中教材《高中物理·必修1》获广东省教育厅等四个省厅级单位联合颁发的重大科研成果奖；出版专著《物理教育的苦与乐》；主持了多项省、市普教科研课题并结题，其中两项省课题分别获省第八届普教科研成果二等奖和"十二五"规划课题优秀奖；独立撰写的10余篇教学专业论文发表在知名期刊上；她还受聘广东省第二师范学院兼职教授；指导多位青年教师在全国教学比赛中获一等奖，多次受邀在多地的高中物理教学研讨会上举办专题讲座。

常常有人问华琳："你评上正高级教师，这么辛苦地做教科研的动力是什么？"她回答是因为热爱，因为她热爱物理学，热爱她的学生，教科研让她

能及时更新教改信息，让她开阔教育视野，使她的工作更加有条理、更科学有效，最重要的是使学生的学习兴趣更高，并将教育心理学与脑科学融入日常教学中，让繁难的高中物理成为学生公认的轻松高效的学科。

华琳常说："我一个人的成功是小事，我们一起成长才是大事。成功是自己经过努力拼搏而获得的，但只有分享成功才叫真正的成功。"她经常应邀开展各种讲座，组织各种教研活动等。她用自己的"匠心"精神影响周围的人，把自己的成功经验分享给周围的人，把自己的先进教学理念传授给周围的人。"看到华琳的事迹，我就像打了一支兴奋剂，我在教师行业有了明确的目标了。""和华琳探讨后，让我更清楚我的教学方法了。"她对教育的热爱和执着已成为学校的一笔精神财富，感染、带动着周围的教师向"专家型""学者型"发展。在她的引领下，全校70%以上的物理教师参与了市级以上的教科研项目。在她的带动下，一些不愿担任班主任的高级教师，重新坚守在教育教学的第一线，造福中山市第一中学的学子。

有人说，铁打的营盘流水的兵，岁月可以洗去他们的年华，却带不走每个教师心中的情。教育战线就像是一条生命力无比饱满的河流，白发苍苍的奉献者带着微笑从容而去，活泼可爱的年轻一代踌躇满志地加入进来。老师们，不管他们来自哪里，也不管他们身在哪一所学校，每一个人都是钢琴上的白键，每一个人又都是钢琴上的黑键，你中有他，他中有你，当他们一起轻轻按下，奏响的是整个教育事业激情澎湃的壮美乐章！

教学相长，教师专业发展的动力源

中山市第一中学　钟　路

自2007年本科毕业以来，我在物理教师的岗位上已经工作11年了，其间有过失落，也曾迷茫，感受不到职业的幸福，找不到自己的职业未来。但在和学生的互动中，我逐渐找到了自信，找到了专业发展的道路。

还记得刚工作的第一年，教研室何晋中主任就来听我的课，课后给了很高的评价——对于一个新入职的教师来说。但是那一年我所教班级的物理成绩却不怎么样，甚至校长还找过我，问我为何课上得好，成绩却不行。我当时只能回以沉默。

真正的转机出现在入职的第三年，当时我很幸运地遇到了2011届高二（17）班，这个班的学生有一个最大的特点——爱问问题。班里以何炬勋、刘嘉全为首的一批学生喜欢钻研，每当有琢磨不透的问题，他们都会主动向老师请教。在与学生的互动当中，我慢慢地掌握了学生的常见疑难点，比如，在学习闭合电路欧姆定律的时候，学生无论如何都觉得电源两端的电压就等于电源电动势，在反复的答疑过程中，我才发现问题出在学生的前概念上。学生初中学习电路时一节干电池两端电压就是1.5V，这个概念是如此深入人心，导致学生不由自主地会如此思考。如果不在这个前概念的基础上展开讲解，那关于电路两端电压的概念永远无法建立，只能靠死记硬背去学习知识点，而这是所有学习的死胡同。

在以后每年的教学中，我都注意收集学生的常见疑难点，形成了学生的常见问题集，教学前我都翻一翻，教学后又记录下新的疑难点。教学不仅是教师教，更要学生学。如果一位教师对学生的想法都不了解，如何能有针对性地教呢？教学何来高效？

2016年8月，我突然接到副校长的电话，问我能否去教丰山部最好的142班。这让我既兴奋又紧张，从普通班直接"跳级"去教丰山142班，自己有那个能力吗？会不会让那些学霸嘲笑呢？我一时拿不定主意，最后还是华琳老师说，年轻人应该接受挑战，接手丰山部压力当然很大，但是也是专业成长的一个绝佳机会。我听从了华琳老师的建议，但刚开始上课时，我很拘谨，总觉得学生都会，不需要我讲解，于是我总挑难题来讲。但是两个星期后，我发现我又走回了之前的老路——按自己的需求上课，而把学生抛在一边。

但是要摸清这些学霸们的需求谈何容易，直到有一次在《中学物理教学参考》上看到一篇文章介绍如何培养"小老师"时，我想能不能每节课让学生来讲一道题，我换一个角度来看学霸们缺乏什么。这项活动持续了两个月，在班里2/3的学生都当过"小老师"后，我也慢慢发现他们的优缺点在哪里。丰山部的大部分学生理解力突出，接受新知识的能力超众，尤其是应用知识的能力不凡，但是他们对于物理学科的基本概念琢磨不够，对生活场景的模型化处理不熟，尤其是物理学中的各种近似，这些学生均无法接受。或许是数学逻辑带给他们的骄傲让他们不屑于接受近似。所以后续的教学中，我更重视模型的建立过程以及在建立中是如何近似的，比如，在质点的教学中，一般教师就是重复书中的话——"当物体的大小和形状在研究的问题中可以忽略时，物体可看作质点"，我则重点提供情境：太阳的直径140万公里，地球直径12756公里，日地距离1.496亿公里，若我们将太阳缩小到只有一枚硬币的大小，并画到A4纸上，那么地球会有多大？该画在离太阳多远的地方？通过这种情境设置，不需要更多的讲解，学生自然就能体会。现在都在谈核心素养，谈情境的创设，我想我当时就已经在尝试的路上了。这是在与学生的互动中，自然而然得到的。

回答学生的问题也是在反复"考查"我的学科知识体系。体系中只要有一点漏洞，就很可能被学生问倒，或者学生会对你的解释表现出明显的不理解。我最开始经常会被这类问题问倒："洛伦兹力永不做功，而洛伦兹力的宏观总和是安培力，为什么安培力又可以做功？"或"磁流体发电机是将什么能转化成电能？"但现在我能和竞赛生讨论动生电动势和感生电动势的差异，以及它们在电磁场理论中是如何统一的。从最开始只知道"当物体的大小和形状在研究的问题中可以忽略时，物体可看作质点"，到现在我可以告诉学生，"物理中没有点，只有足够小的面——在当前尺度下只能画成一个点"。

假想若不是为了解答学生的疑问，可能我关于物理的很多认识都是想当然的，模棱两可的，正是经过了学生一轮又一轮的问题轰炸，我自己关于学科知识的理解才越来越完整，越来越系统。可以说本科阶段我只学习到物理的大致框架，是在与学生的交流互动中，我才把这个框架内的细节一点点的填充进去。

也正是因为学生爱问问题，我也潜心研究问题，教学才能针对学生所需。从2010年后，我所教班级的物理成绩一直很优秀，学生也给了我很高的评价，给了我极大的信心，而这种信心带来的是我对物理教学的更高的追求，在这种正反馈的模式下，专业发展是不需要外力去激发的，是自然而然、发自内心的认同自己的工作，并努力做好这个工作。记得2014年有一次踢球受伤住院，学生写了一封信给我，信上是密密麻麻的祝福。我印象最深的就是"钟老师，节奏已打乱，你快回来吧"。正是学生对教师的需求和认可，让我体会到了作为教师的快乐。当快乐来自学生对你的认可，而不是学校发给你的薪水时，再多的困难你也能克服。

最近，一篇网文《这块屏幕可能改变命运》大火，大意是讲一个贫困山区的学校与成都七中合作，学生通过观看上课直播的形式，享受成都七中的优秀教学，并最终使多人考上清华、北大的故事。看完后我是有疑惑的，贫困山区的学生只是单向地接受了成都七中优秀教师的教学，这些课真的适合这些贫困山区的孩子吗？孩子们有疑问又该向谁提出？学习从来都不可能是单向的，师生互动永远是持续学习的动力来源。

而对于我—— 一位教师来说，教学相长，是我专业发展的动力源泉。

走在追梦的路上

中山市第一中学 邱锦辉

　　光阴荏苒，不知不觉自己在教育的追梦路上已经前行了10余载。回首这一路的点点滴滴，自己从一个意气风发、懵懵懂懂的大学毕业生成长为含蓄内敛、经验丰富的青年骨干教师，不禁心中感慨万千。虽然自己的心境随着教学年限的增加而不断变化，但我内心知道自己对教师这份职业的执着依然不变。2018年恰逢中山市第一中学建校110周年，学校撰写了一份"中山市一中学人誓言"，字里行间无不饱含了我们中山市一中学人的追梦历程，对中山市第一中学的教师和学生提出了更高的要求和希望。"吾辈同心，追求卓越，做最好的自己"，这也是我坚守的信条，做学生最好的老师，做心中最好的自己。

一、感恩——给我播下教育梦的老师们

　　2001年，高中毕业，填报志愿的时候，我毅然报考了华中师范大学的物理学专业（基地班方向）。有人问我，为什么报师范而且还读最难的物理。我认真回想了一下，可能就是因为我的高中三年班主任黄庆鸿老师对我的影响吧。黄老师是一位教学经验丰富的老教师，在他的教导下，别人眼中复杂难学的物理变得清晰易懂。我渐渐爱上了这个学科，沉浸在奇妙的物理世界中。此外，我的高中三年并不顺畅，家里的一些变故总是让我不能专心于学习，痛苦万分。在我最困难、最心灰意冷的时候，是黄老师主动了解我家里的情况，尽力为我解决问题，给了我最真诚的帮助。我非常庆幸自己遇到了一位好老师，也许就是从那个时候起，我心中也萌发了做老师的想法。

　　大学期间，我入选了学校的"3+2高中物理骨干教师培训计划"，蔡学军

老师的物理演示实验和微格教室课程给我带来了极大的震撼。大三的教育实习至今历历在目，同学们的名字依然熟记于心。初为人师的感觉让我对教师这份职业的可贵有了最初的体会。研究生期间遇到一位让我一生受益的老师——杨仲乐教授。从杨老师身上我看到了老一辈科学家治学的严谨，在他的教导下我明白在学术上要持有敬畏的态度，大胆假设，细心求证。依稀记得，我的论文杨老师一共修改了80多稿，历时半年。虽然过程艰辛，但是这种严谨的治学态度在我的心里生根发芽。杨老师也是一位优秀的教师，他经常告诉我们，作为一名教师最大的成就就在于让自己的学生走向成功。他自掏腰包资助家庭困难的学生，每天不断地辅导研究生完成学术研究。还记得他的电脑屏幕上总会不时飘出一个弹窗"小声说话，注意休息"，这是一位师兄为杨老师制作的一个小程序，提醒他注意休息，因为杨老师经常跟学生一说就是一上午，经常忘记喝水，所以他的嗓子一直疼痛，但他从未间断过对学生的指导。

感恩每一位在我求学路上给我播下教育梦想的老师，遇到你们是我一生的荣幸。我深深明白教师这个职业的可贵之处，一位好老师对学生的影响可能是一生。我踏上教育之路，每每彷徨时，必然会想起你们，便会坚定地走下去。

二、感恩——追梦路上的领路人

1. 青蓝工程——王国祥老师

2008年，我来到了中山市第一中学，踏上讲台，开启了自己的追梦旅程。初为人师，我感到幸福，也感到彷徨。还记得自己在日记中写道："还记得第一次走进教室，走上讲堂，面对学生时的感觉，只知道讲自己的，什么也顾不上多想。面对50多双打量的眼睛，我仿佛在沙漠中听到水流，看到绿洲，心也随之平静。"在迷惘的时候，我遇到了从教以后的第一个师父——王国祥老师。在王老师的教导下，我完成了从一位年轻教师向一位合格教师的转变，初步形成了自己的教学风格和教学理念。

首先，作为一位青年教师，只有不断学习，才能使自己跟上课改的步伐，才能以全新的理念指导自己的教育实践。因此，在王老师的建议和指导下，我坚持平时及时充电，不断更新自己的教育观念。在平时的教学中，我能做到认真备课，钻研教材，遇到教学中的难点、重点、疑点，主动向师父请教，与师父共同钻研教材和备课，主动让师父指导教案，虚心接受师父的建议，修改不足，更好地吃透教材。特别是我对体育班的教学工作仍然不能很好地根据学生的特点进行教学。师父了解到这个情况后，主动给我介绍如何控制课堂秩序、如何调动课堂气氛。听到师父多年的经验之谈，我如获至宝。在师父的指导下，经过实践、摸索，我的课堂也开始变得活泼生动。

其次，王老师给我评课时，会反馈出很多我自己没有意识到的优点和缺点。他听完课后，就会从听的角度体会到我的做法好不好，评课时就会反馈给我，从而起到了肯定或否定的效果，让我以后可以有意识地进行调整。王老师在给我评课时，不仅在理论上进行指导，更是在具体的课中与我反复研讨，每一个环节，甚至每一句评价语言都悉心琢磨，使我明白课堂上应充分体现学生的主体地位，体现物理课堂的教学要求，努力进行教学研究，力争把多个教学目标进行有机整合，努力使课堂教学得到优化。

最后，在听师父讲课的过程中我也有很大收获。王老师上课时语言幽默，能充分调动学生的学习积极性。在他的课堂上，时间总是在不知不觉间就流逝了。王老师的课最大的特点就是条理性强，思路清晰，课堂富有激情与活力，教学的各个环节也都紧密相连，如行云流水般从容不迫，课堂气氛也很好！在多次听师父讲课的过程中，我慢慢体味，并且准确地把握住每一节课的闪光之处。在这样反反复复的过程中，我似乎感悟到王老师课堂的真谛，这对我以后的教学产生了极为深远的影响。

2. 名师指引——华琳老师

2015年，我遇到了从教以来的第二位师父——华琳老师。2015年，我加入了中山市华琳名师工作室，成为工作室学员。2018年，我成为广东省中山市华琳名师工作室的助手。依托名师工作室的资源，在华琳老师的指导下，在工作室同行的帮助下，我开启了新的专业之旅。可以说是华琳老师真正把我带入了教育科研的殿堂，让我体会到教育科研的重要性以及如何进行教育科研。我真正体会到了"一个人可以走得很快，而一群人可以走得更远"的道理。

名师工作室是一个促进教师专业快速成长的平台，在华琳老师的精心安排和科学规划下，工作室学员接受了系统而专业的培养，在专家引领、同行互助、个人反思的培养模式中不断成长。感恩华琳老师，感恩工作室的同伴，我们相遇、相知，共同成长。

在课堂教学上，一方面，每年工作室都会安排名师课堂教学示范，引领我们成长。华琳老师经常亲自给我们上示范课，也邀请众多中山市名师上示范课。名师们基本功扎实，个人综合素质高，对教材的重难点把握准确，课堂节奏得当，讲解深入浅出，知识点落实扎实，学生学得轻松，这样的教学示范课让我收获良多。另一方面，我认为对自己课堂教学能力提升帮助最大的就是工作室每年跟岗学习的同课异构活动。为了让教学实践落到实处，突显效果，广东省中山市华琳名师工作室摸索出一套行之有效的办法，华琳老师给每一届学员都安排了同课异构活动。为达到效果，华琳老师严格按磨课、上课、评课和反思四个环节进行同课异构活动。在磨课过程中，我们能在集体讨论中碰撞出思想的火花，思路得到拓展。在听评课过程中，磨炼自己听课和评课的能力，不仅可以找到自己的不足，而且也可以将有用的教学方法用到自己的教学中去，最终，将上述过程变成文字反思。有时候，一天的授课和听评课结束，我们其实有些疲惫，但仍需要经过这个冷静的思考过程，才能将白天的收获吸收内化，更重要的是，反思总结可以站在旁观者的角度去观察这一节课的内容，通过对比，寻找该类型课的最佳处理方式，形成该种课型的一种模式，并最终形成自身的教学特色。同课异构教学研讨为教师们提供了一个面对面交流互动的平台。在这个平台上，教师共同探讨教学中的热点和难点问题，探讨教学的艺术，交流彼此的经验，共享成功的喜悦。多维的角度，迥异的风格，不同的策略在交流中碰撞、升华，这种多层面、全方位的合作与探讨，可以整体提升教师的教学教研水平，提高教学质量。我从中受益良多。

在教学科研上，一方面，每年我能跟随工作室外出参观学习或者参加在全国有影响力的活动，在与外市甚至外省的同行交流中，开阔了自己的眼界。另一方面，工作室每年组织的名师专题讲座给我们的教育科研进行理论指导和实践指引。例如，中山市教研室何晋中主任在《世界是通的——课程改革回归学科核心素养的思考》中提出了他的疑问：为什么课程改革要回归学科？何主任对课程改革做了大量的研究，举了很多例子，让许多学员都耳目一新、倍感兴奋。省教研室朱美健主任在《高中物理教师如何撰写教学论文》中从不同角度剖析了做课题研究时涉及的问题，给众学员指明了研究课题的方向，以及做好课题所具备的要素。朱小青老师在《高中物理试题能力水平指标体系》中对题目试卷的评价引入七个维度，并确定了每个维度的权重，以定量来解决定性的问题，最终用于指导教学。谢春老师对于高三阶段如何进行复习备考，在他的讲座《全国卷物理教师复习备考研究》中提出了许多很好的建议。姚跃勇教授的《广东新高考方案研读》给我们带来了最新的信息以及教学上的科学建议。最后，科研是做出来的，不是想出来的。华琳老师带领工作室团队一起合作完成了省"十二五"规划课题《基于同行互助的高中物理教师专业成长的实践研究》，我认为在实践中去探索，对于教学科研能力的提升是立竿见影的。最终该课题被评为省级优秀课题，获得广东省2018教育创新成果二等奖。

感恩华琳老师引领我踏上教育科研的道路，为我的专业成长指明了方向。

三、追梦路上的思考——要成为一位怎样的老师

"做学生最好的老师，做心中最好的自己"，这是我从教伊始便坚守的信条。然而，如何做才能达到自己的目标呢？在追梦路上，不同的阶段我有着不同的理解。

刚入职的时候，我对好教师的理解就是学生喜欢的老师，能把学科知识完美传递给学生的老师。教学的前几年，我的主要精力放在课堂教学上，熟悉教学内容，研究教学教法，模仿名师的教学。我非常重视自己的教学，也正因为此，我过分重视老师的教，而忽视了学生的学，总以为知识点只要讲到位了，学生就一定能懂。然而，根据沟通漏斗理论，我们讲授的东西等到学生具体执行的时候可能只剩下不到两成。（沟通漏斗是指工作中团队沟通效率下降的一种现象：如果一个人心里想的是100%的东西，当你在众人面前、在开会的场合用语言表达心里100%的东西时，这些东西已经漏掉20%，你说出来的只剩下80%。而当这80%的东西进入别人的耳朵时，由于文化水平、知识背景等因素，只留下了60%。实际上，真正被别人理解了、消化了的东西大概只有40%。等到这些人按照领悟的40%具体行动时，已经变成20%。三个月后信息衰减得有可能只剩下5%。）教学是一个系统工程，教师不是仅仅上好课就可以了，必须掌握教育教学的规律，才能够更好地促进学生的学。我想，一个好老师不是仅仅学生喜欢你就可以了，要对得起学生的喜欢，真正帮助学生学好物理。

入职第四年的时候，一方面，我觉得好老师不仅要上好课，还要熟悉教育教学规律，真正帮助学生学好知识。另一方面，我开始担任班主任，深知好

教师也应该是学生成长路上的引路人。然而这段时间，由于缺乏理论的指导和实践经验，自己只能在摸索和模仿中前进。这让我陷入困境，教学水平感觉突破不了，德育上也焦头烂额，有点颓废，迫切想要破局。然而，有些时候，教师的专业化需要时间的沉淀，不能一蹴而就，只能在坚持中等待。

入职第七年的时候，我加入了广东省中山市华琳名师工作室，准备开始出去走走，眼界开阔了，很多问题便迎刃而解了。随着课题研究的深入，我开始反思自己的教学。我认为好教师应该能把教研和教学有机结合起来，走在改革的前列。理想很丰满，现实很骨感。自己的教研能力虽然提升了，但我发觉教研很难在实际教学中发挥大的作用。我所希望探求的学生物理学习的认知规律似乎离我还很遥远。华琳老师鼓励我们只要坚持去做就能看到结果。也许我的诸多困惑，根本上就是源于自己知识的匮乏和所做的教研不够。坚持去做，一切就会水到渠成。

2018年已经过去，面对2019年，重新审视自己，虽然我不能确定自己会成为一位怎样的教师，但是我现在明白该怎么做才能达成自己的目标。要改变眼前的困境，先要改变自己，扩充自己的知识储备（学科知识和跨学科知识的融合），改变自己的思维方式，让自己的思维具有一定的深度和广度。

最后，用一句话概括自己现在的心境：不忘初心，向心而行，我依然在追梦路上前行！

心系课堂，潜心钻研

——我的专业成长之路

中山市第一中学　张建军

时间过得真快啊！转眼间，工作已有11年了。2007年7月，大学毕业的我来到了美丽的小城中山，任教于中山市第一中学，从一个名不见经传的毛头小子，渐渐成长为学校的中坚力量、市里的骨干教师、广东省中山市华琳名师工作室的培养对象。回顾自己的专业发展，虽是磕磕绊绊，但是充实而富有激情。我不断超越自我，挑战困难，更新自己的教育理念，向着目标不断进步。在教师这个平凡的岗位上，正是心中的教育追求和不忘初心的教育情怀激励着我不断前行，不断发展自我。在这10年的专业发展的道路上，我抓住了机会，收获了成功，体会了合作，学会了分享，懂得了感恩，其中让我体会最深的莫过于在成长中坚持目标，在合作中取得进步，在学习中获得充实，在引领下突破瓶颈。

一、在成长中坚持目标

目标是什么？目标是人生努力的方向，是人生奋斗的动力，是一种美好的愿景，能引领我们拼搏奋斗，积极进取。如果你在大海里航行，它就是指引航向的灯塔；如果你在黑夜里跋涉，它就是你心中温馨的港湾。有了明确的目标，你才不会彷徨，才会有无穷的力量和奋斗的动力。

在刚刚参加工作的几年里，我对人生目标和人生规划，可以说是模糊的，没有明确的方向。工作中只能跟随备课组慢慢地摸索，甚至连自己的教学进度都把握不准，有时感到非常迷茫和困惑，教学效果也不尽如人意，我彷徨过，失落过，甚至怀疑自己当初的职业选择。记得有一次，市教研室主任何晋中老师到我校听课，听的是我执教的《弹力》这一课，没想到我精心准备的课，在课堂上根本没有成效，设计的问题连续几名学生都没有答对。课后何主任对我的评价非常中肯，他说："作为年轻教师，你的基本功很欠缺，课堂上弹力的方向法则都没说清楚，你让学生怎么做题呢！你的例题选择深一脚浅一脚，缺乏梯度，我建议你多去听听老教师的课，多去外面参加教研活动，对你会很有帮助。"何老师的评价让我找到了努力的方向，认清了自己的不足。我暗暗下决心，一定要做一位高水平的教师，做一位学生喜欢、同行称赞、领导器重的教师。我想这应该不算是什么目标，只是一个做教师的最基本的要求吧！正是对自己有这样的要求，我不断地寻找机会去听课，最好的机会就是听省市级名师的示范课，听市级、省级、国家级比赛课，听名校开放日同课异构课，听省市教研室组织的研讨课，在这些课中，总能找到别具一格的课堂设计，耳目一新的创新实验，丰富多彩的师生互动，精辟独到的专家点评。在这些优质的课堂资源中，有许多值得借鉴的地方，课后我会自己慢慢消化，慢慢推敲，再结合自己的学生运用到自己的课堂中。正是在这个目标的激励下，我不断地努力，勇于承担省、市、学校各级组织的公开课、研讨课、示范课、比赛课等，我想利用这些难得的机会锻炼自己，努力寻找属于自己的教学特色，让学生更加喜欢我的课堂，享受我的教学。终于在2009年我参加了市教研室组织的研讨课活动，并获得专家的一致好评。由此我坚信，有目标就会有追求，有追求就会有成功。我终于找到了一种成功的喜悦。这一年因为教学进步明显，我得到了学校和学生的认可，获得了市吴桂显奖教金，年终绩效考核被评为优秀，也获得了"校优秀班主任"的称号。从工作的第二年我就开始申请做班主任工作，这个工作虽然费心劳神，但是可以深入地了解学生，知己知彼，方能游刃有余。2010年，我主动参加全校班主任优质班会课比赛，获得一等奖，这让我更加坚信，我能成为一名优秀的教师。

二、在合作中取得进步

俗话说，"兄弟齐心，其利断金。"一个人的力量很渺小，只有互助合作，才能拥抱成功。团结协作是一切事业成功的基础，个人只有依靠团队的力量，才能把个人的愿望和团队的目标结合起来，超越个体的局限，发挥集体的协作作用，才能产生1+1>2的效果。

经过3年的摸爬滚打，我渐渐熟悉了教学，有了一些经验的积累，有了一些课堂的感悟，有了一些肤浅的反思，我慢慢地融入了物理科组这个智慧的集体。在这里我能和周围同事和睦相处，相互尊重，相互学习。每周一次的备课组集体备课，每月一次的科组研讨，大家都精心准备，有时针对一个教学问题常争论得面红耳赤。然而正是在这个充满正能量的大家庭中，我工作了11年，积累了丰富的教学经验，这让我更有自信去承担省市级的各种示范课、研讨课。比如，2015年，我为全体中山市青年物理教师上了一节《万有引力的应用》示范课，为广东省中山市华琳名师工作室省骨干学员上了一节《影响电阻的因素》示范课，2016年，在全市物理教师培训活动中执教《电磁感应中的图像问题》研讨课等。每一节课的背后，都是整个物理组的智慧和汗水的结晶。有时为打磨一节课，我的成长导师华琳老师、学科组长李卫红老师，能连续听我一周的课，还邀请外面的专家来做指导，正是在团队的帮助支持下，我才得以锻炼和发展。让我铭记在心的是2014年代表中山市第一中学参加全市物理教师教学竞赛，我凭借执教的《影响加速度的因素》，以小组第一的成绩进入决赛，决赛中又凭借执教的《牛顿第二定律》，以全市第一名的优异成绩获得一等奖。想起这节课，我感慨颇多。从确定主题到磨课成功，可谓是一波三折，整个备课组的老师一直和我在一起，给我指出教学设计中的问题和调整方法，对我的创新实验提出改进意见，在我的模拟课堂中发现问题。成长导师华琳老师和学科组长李卫红老师在磨课过程中的严谨态度，简直可以用"偏执"来形容，她们不放过任何一个细节，精细到每一句话、每一个词、每一个环节，甚至每一个动作。所有的这些让我更加珍惜团队的合作，懂得分享自己的见解，懂得如何去帮助别人，懂得感恩。

三、在学习中获得充实

一线教师的学习更多的是在工作中的学习，在实践中的学习。在工作的前几年，我就给自己定了目标，让自己成为一个学生喜欢、同行称赞的物理教师。但是，自己的情况自己最清楚，教学基本功一般，教育理论碎片化，教学经验匮乏，需要学习的东西太多，需要进步的空间很大。所以，心里始终铭记学习进步的事，时刻寻找学习的机会，除了阅读教育心理书籍、专业期刊论文、报纸杂志外，就是课堂教学实践的学习，不论是校内外的各种交流，还是省市内外的各种研讨会、公开课活动，我都会积极参加。2012年12月，第十届全国中学物理青年教师教学大赛在哈尔滨第三中学举办，来自全国各地的几十名优秀青年教师将展开精彩的角逐。这无疑让我欣喜若狂，我决定向学校申请前往观摩学习。在华琳老师的努力下，这个愿望最终得以实现。其间，北京一位教师执教的《电磁感应》一课，堪称完美，新课的引入精彩绝伦，实验的设计巧夺天工，课堂的设计环环相扣，问题的设计精致巧妙，语言的表达干净利落，师生的互动天衣无缝，课堂的效果更是无与伦比。正是受这节课的影响，我真正走上了蜕变之路，真正体会到了学生是课堂的主人的重要性，为后期构建自己的教学风格，形成自己的教学理念，打下了坚实的基础。在各类学习中，我都积极整理学习资料，并把资料以文字和照片的形式进行收藏，然后按时间和类别进行归类整理，形成自己的宝贵资源库。经过几年的摸索蜕变，我逐渐形成了自己的课堂理念——"幽默物理、高效课堂"。在理念不断落实的过程中，我体会到了前所未有的快乐和激情，学生非常喜欢我的教学风格，家长非常满意我的教学理念，学校非常肯定我的教学成绩。2014年，我在全市物理教学大赛中取得了一等奖后，被推荐参加2015年全省青年教师改革创新大赛，并以小组第一名、全省第二名的成绩获得一等奖。同是2015年，我参加了由教育部举办的"一师一优课、一课一名师"评选活动，我执教的《超重失重》通过层层筛选，先后获得市一等奖、省一等奖、全国一等奖，被评为部级优质课。

互联网时代，很多学习资源来自网络，百度就是一个取之不尽用之不竭的资源宝库。当遇到一个新鲜的名词或者模糊的概念时，我首先用百度进行搜索，然后再对多个词条进行分析整理，直到准确地掌握为止。另外，很多教育网站、博客、微信公众号等都是获得信息的重要渠道，各种群共享的资源更是丰富多彩。来自全国的很多志同道合的物理教师组建了很多公益微信群、QQ群，他们在群里面共享资源，如中高考试题、教科研文章、优秀的教学课件、视频资料、创新实验等宝贵资料，我都会定期下载，分类收藏，用到时及时借鉴整理。互联网时代，对网络资源进行整理、分析、筛选的过程就是学习的过程，就是研究的过程，也是自我提升的过程。

多年的教学经历告诉我，有时候人需要学习的内容并不仅仅是知识，还有良好的品德和做人的态度，人与人相处的艺术以及刻苦钻研的精神。我经常向新来的教师学习，学习他们那种勇于创新、善于变通、敢于接受新事物的精神；我还向老教师学习，学习他们做事认真、一丝不苟、不怕吃苦、严谨自律的工作态度。正是身边这些优秀的同事，激励着我，影响着我，使我不断前行。现在想来，我虽是研究生学历，但是多年的历练让我深深地体会到学历并不代表能力，重要的是坚持终身学习的态度。不要因是某某名校的毕业生而不肯虚心学习，错失学习机会，否则只会为自己的轻率付出代价，最后把自己送到了失败者的角落里。没有什么成功是轻易得来的，把有限的青春投入到无限的奋斗中，才是赢家们共同的特征。学历就像一张火车票，不管你是坐软卧来的，还是坐硬座来的，哪怕只是站票，只要能到站，你就成功了。

四、在引领下突破瓶颈

对于"科研"这个词，我们常感到神秘莫测，感到非常遥远，很多人认为教学研究是可望而不可即的，只有专家才能做，自己无能为力。其实，我们研究的内容大多是日常教育教学中存在的问题，而不是宏大的教育理论。对一线教师而言，不断地对自己的教育教学行为进行反思和琢磨，本身就是研究，这是我们完全可以胜任的。

记得刚走上讲台，我还不知道什么是教研，如何做教研，但是，心里想的却是，我一定要做一位优秀的教师，做一位学生喜爱、领导赏识、同事认同、家长信任的教师，做一位既能教出好成绩，又能带出好班级的教师。因为心里对自己有着这样的目标和意愿，因为心中有一个做优秀教师的追求，所以，对教育教学工作，我不仅能坚持学习、实践，而且不断地在观察、思考、总结。每天上完课，我都会仔细回忆自己课堂教学上的得失，并写一点反思，每一天都要反思自己在班级管理上的做法与收获，把班级发生的一些事情也记录下来，这样坚持了几年，就开始在教育教学上凸显优势了，所带的班级学生不仅文明守纪，而且学习成绩也很优秀，尤其是课堂教学有了个人独特的风格。

2012年，我有幸加入了广东省中山市华琳名师工作室。在华琳老师的精心指导下，我慢慢地懂得了如何去研究，如何去寻找方向，如何去发现并解决并问题，如何反思，如何形成论文。我从研究自己的课堂教学入手，每上完一节课，都静下心来，进行反思性总结，从教学内容设计、教法学法选择、评价实施、教学环节的安排、课堂练习设计等环节入手，总结成功经验，寻找得失之处。这种反思性研究和积累，其实就是自我教研能力提升的最好途径。通过这个途径，我在教研的路上终于有了收获，参加的省级课题顺利结题并获得优秀等级，被评为省创新成果二等奖，撰写的论文也顺利发表。除了研究自己的课堂教学，我还常常研究别人的课堂教学。"他山之石，可以攻玉。"他人的优秀教法可以让自己在课堂教学上寻找到捷径。每学期，我们都会观摩很多教师执教的课堂教学，同年级的，不同年级的；校内的，校外的；优秀教师的，专家名师的，普通教师的；老教师的，青年教师的。总之，不论是观摩哪一类教师的课堂教学，我们都要保持一种谦虚的态度，用欣赏的眼光去观察、聆听，观摩结束，还要静下心来，仔细进行研究总结，尤其要站在不同的角度去思考，比如，从学习者的角度，思考执教者这节课值得学习和借鉴之处在哪里；站在学生的角度，看这节课自己学到了什么知识，掌握了哪些方法，还存在什么困惑；站在执教者的角度，如果让自己上这节课，会如何设计、如何组织，会选择什么样的教法与学习方式。只有善于研究别人课堂教学的教师，才能从中受到启发，才能触类旁通，才能在短时间内形成个人独特的教学风格，也才能在教学上出成绩，在教研上出成果。

让平凡的日子充满活力

中山市第一中学　荣　斌

年华似水，岁月飞逝，回首过往，我已在教育这个行业里耕耘了20个年头。在每一个与学生为伍的日子里，我都感受着喜悦的幸福，脸上总是有着美美的笑容，心中总是装着满满的快乐，我把自己的那一份愉悦，那一颗爱心，那一种执着都无私地奉献给了学生。作为一位从教多年的中年教师，丰富的教育教学经历为我提供了审视自我及教师职业的诸多视角。通过不断的学习和钻研，我把理论知识和实际经验相结合，逐步走向成熟。为了更好地实现专业的成长，我立足岗位，以学校大局和学生的发展为重，认真踏实工作，严于律己，率先垂范，树立终身学习的理念，不断学习、积累最先进的教育教学思想，研究教育教学艺术，探讨、反思自身的教育教学实践，形成了独特的教育教学风格。

一、因为"爱"，我选择了教师这个职业

我是一位中学物理教师，因为喜欢学生，喜爱这个"太阳底下最光辉的事业"，所以选择了这个工作。在实施新课改期间，我学习了许多新课改的知识，也观看了不少名教师的成功之课。在不断充实自己的同时，我感觉其他教师的课堂教学也都有了很大的变化，新课改的成功让我在课堂教学中有了更大的发展。当上教师以后，近20年来，带着这种喜好和对孩子们的爱，我一直按时完成规定的教育教学任务。爱，是我投身于教育事业的原动力。

在多年的教育教学中，我班学生的物理学科成绩屡列前茅，我的教育教学成绩显著。很多人问我方法，其实在教育教学中，我一直觉得师生的双向交

流是十分重要的——合作学习已走进当今课堂。课堂上，快乐的笑容洋溢在学生脸上，充满课堂；学生体验到了合作交流的愉悦、互帮互助的成就和幸福，而且课堂的精彩来源于学生，也来源于教师；教师要敢于放手，课堂教学要有真实的活动实施，一定会带来不断的惊喜；无论纪律、卫生、作业等都严格管理，使学生自然而然养成习惯，什么事情都追求"完美"；学生对自己的成绩很看重，只要有正确的引导，学生的潜能就会像空气一样，放在多大的空间里，它就有多大。我相信我的选择，我也庆幸我选择了教师这个行业。因为爱，在今后的教学中，我会和学生共同发展！

二、学习、实践和反思，我不断地进步

刚走上讲坛的那几年，作为一位教师，我的能力还是有些许欠缺。刚走出大学校门，满腹的学科专业知识，怀揣着成为名师的梦想，初上物理课的我讲得一塌糊涂。课后，我的老乡兼指导教师的几句话才使我如梦初醒："并不是自己懂就一定能教会，好的老师并不是自己会的多，而是教给学生的学生都能理解；课堂是要让学生学会自己学习，而不是一味地给学生灌输知识。"这些话深深地触动了我，原来我走进了教和学的误区，与教育的本质背道而驰。从那以后，我开始研究教材、研究教参、研究学生、研究课堂，看如何能做到让学生学会自己学习。这是一个痛苦的过程，多少个日夜的研究，不断地向老教师请教，听有经验的教师的示范课，课后和同科教师研究，快乐地置身于这种学习之中。我不断地向别人学习，研究自己所教授的课程，研究学生学习的特点，在课堂中不断实践，不断总结，使自己的教学水平不断提高，不断适应新课改。经过长期的努力，我的教学水平有了相当大的进步。

成长的历程是艰辛的，成功的喜悦是甜蜜的。2003年10月，我参加了学校青年教师优质课比赛。当时，"优质课"还是一个新名词，大家对"优质课"这个概念还非常陌生。怎样上优质课？怎样上好优质课？我很困惑，所以，当我知道要参加评比的时候，心里非常忐忑。那时的情景和感受，如今的我依然记忆犹新。为了检验几年来在教育教学方面的收获，我独立设计了各个教学环节，并深入学生，了解学情，逐字逐句地打磨自己的教学语言，反复改进。等到比赛那天，面对所有学科的组长，我生怕自己在教学环节的控制、语言的表达和时间的把握上出问题。直到上完课之后，学校的教学副校长对我竖

起大拇指，地理学科的组长拍着我的肩膀说，"小伙子很棒，这节课我也听得很明白"，我才有了一种前所未有的如释重负的感觉。这一次优质课的评比，我就是在这样的紧张与不安中度过的。我的努力和付出最终得到了认可，这次的成功也给了我莫大的鼓励。有了这次比赛的经历，我意识到自己在课堂设计和课堂控制上还有很多不足。于是在之后的日子里，我有意识地去听其他有经验的老师的课，看看他们是怎样把握好一节课，怎样控制课堂的，以此来弥补自己在课堂教学上的不足。

美国教育心理学家波斯纳说，没有反思的经验是狭隘的经验，至多只能是肤浅的知识。因此，他提出了教师成长的公式：成长=经验+反思。我们最需要反思的就是自己的教学行为，从教材解读与设计、教法与学法的选择、课堂细节的处理等层面去反思。近年来，我常常用这样几个问题去反思自己的教学：这节课，我投入激情了吗？对教材的解读，有更恰当的角度吗？这节课的教学目标合理吗？这节课中最难忘的一个细节是什么？这节课最大的遗憾是什么？如果重新来教这节课，哪个地方最值得改进？反思的深度决定着教学所能达到的高度。活跃在教坛上的大师们，其实也是反思的高手，也是通过一步步的成长，才成为今日的"明星"。作为一位教师，我们除了反思教学，还要反思为人处世，反思一切可以反思的东西。同时，要边反思，边记录，用键盘留下文字，为研究自己的教育教学提供鲜活的案例。

三、追随名师足迹，我不断跨越

近几年来，我有幸成为广东省中山市华琳名师工作室成员。回顾在名师工作室的学习，我感受到了这个集体给我带来的欢乐与收获，也感受到了自己在这个团队中的成长。在华琳老师的悉心指导下，全体成员好学上进、乐于创新、勇于开拓的精神给予我很大的动力，让我在教育教学的实践岗位上迈着坚实的步伐，不断超越。

在明确工作室工作任务与努力方向后，在华琳老师的指导下，结合工作室工作目标，学员们一起讨论并确立了个人成长目标。我的目标是让自己投入更多的时间进行广泛的读书和学习，阅读更多的专业教学书籍，从中获取最先进的教学理念和最前沿的信息。通过多次的理论学习，我明白了以科研促教研的重要性，更新了教学理念，提高了教学素养，同时也提升了自己的教学水平。

除了理论学习外，我们还开展了多种形式的教科研活动。

1. 积极开展教育教学课题研究，学习开展课题的各种范式

我和部分成员参加了华琳老师主持的省"十二五"规划课题《基于同行互助的高中物理教师专业发展的实践研究》，目前已顺利结题并获评优秀。

2. 依托名师工作室平台，邀请省、市知名专家学者来工作室做讲座，给学员解惑答疑

华琳老师、市教研室何晋中主任和朱小青教研员、省教研室朱美健主任等在不同时段来到工作室为学员们开展有针对性的讲座，使我受益匪浅。

3. 各位优秀教师在新课程背景下进行教学模式的探索

工作室各位教师和来工作室培训的省骨干教师进行磨课，在新课程背景下进行教学模式的探索。一次次的交流、一次次集体火花的碰撞，大家一致认为，教学上要坚持"求真务实、反思进取"的教学态度，要在教学过程中不断努力，形成"真实、独特、创新"的教学风格。在一系列丰富的工作室实践活动中，在华琳老师专业、理论的指导下，我们的工作室已逐步形成了团结、进取、和谐的学习氛围。

回首自己这些年的专业成长经历，我觉得一个教师的成长离不开四个因素：自我实践与反思、同伴交流与互助、专家名师的引领与帮助、教育氛围的熏陶与影响。我的教育生涯还很长，课程改革和新高考正在路上。虽然取得了一点成绩，但我很清楚地认识到，我们仍然面临着很多的困难和问题，新的教育形势对教师提出了更高的要求，我与这个要求还存在一定的距离。但是，有距离并不可怕，有距离就意味着一个人还有继续发展的要求和空间。不管课程改革的道路有多么艰难，我也会矢志不渝地走下去，为了学生的健康发展，也为自己理想的人生，我愿意奉献出我所有的智慧和青春！

坚持吃苦，不断思考

——我的专业发展之路

中山市华侨中学　朱　茂

一、大学专业与职业选择

我本科学的是物理学，属于教育专业。大学期间，我对很多专业产生了兴趣，特别是心理学和哲学，常在课下向哲学系老师请教一些问题，久而久之，教授便鼓励我报考哲学系研究生。

考研时，我在核物理专业和科技哲学专业上纠结了半年，最终还是参加了科技哲学专业的研究生考试，并获得公费研究生名额。在哲学系，我亲身感受了文科系和理科系思维的不同，领略了大文大理的魅力。科技哲学专业主要研究自然界的一般规律、科学技术活动的基本方法、科学技术及其发展中的哲学问题、科学技术与社会的相互作用等内容。通过研究生阶段的学习，我加深了对科学发展历程的认识，感受到了科学史的魅力。实际上，高中物理教学讲的就是科学的历史。

在择业时，我义无反顾地选择了进入重点高中教书，一来不必再为了升学考考考，二来我从业的对象都是朝气蓬勃的高中生，他们中会有很多人考进985、211大学，如果进入一般的中学，教育对象水平相对要差一些。反思现在的我和当时的我，在这一点上是没有改变的。自己认准的事情就去做，尽量避免为了功利而做出判断。实际上，人没有一段路会是白走的，哲学是训练人类思维的利器。如果说物理学是所谓的客观世界的规律，那么哲学就是忠于人类思维能力的阶梯。在这十几年的教学经历中，学生问过我无数深刻的问题，在我看来，有些是物理规律，而更多的则是思辨方面的问题。研究生时被同学和老师所影响的思维角度，在教学和学习中起到了很重要的作用，以至于我现在还认为自己阅读问题和理解问题的能力与哲学专业密不可分。

二、尊重师父，勇挑重担

2006年毕业，我来到中山市华侨中学工作时，年轻人不多，唐老师刚刚带完高三，又来带高一，开始新一轮教学。在还没见面时，学校就通知我，唐老师是我的师父。实际上在来学校工作前，我一直沉浸在哲学的氛围里，脱离高中物理教学已经很久了，所以当时的自己只有一个信念，多听师父的课，多问师父，把课教好。当然一定要多维护师父，帮助师父解决电脑方面的疑难杂症及工作上的一些能够由我来解决的问题。不得不说，我是极其幸运的，我的师父唐老师在物理教学和个人口才及魅力上至今都是我崇拜的对象。唐老师在课堂上，语言幽默风趣、言简意赅，说话时没有重复的语句。他认为，作为一位教师，最基本的是要做到"会停顿"。这个"会停顿"我花了很多年来体会，越想越有味道。道理大致是这样的：语言是思维的载体，但是思维的速度远远高于语言，也就是说用两分钟才能说明白的事情，在思维上可能只是1秒钟的反应，那么一旦语言不够精练或是在思维难点处没有留足够的"停顿"时间，就会产生交流障碍，至少是单向接收障碍。生活中，这样的实例屡见不鲜，但在课堂授课环节中，这个问题应当得到更好的解决。从另一个角度看，无论老师讲什么内容，首先应当解决的就是语言表述的简单易懂性和节奏性问题。实际上，这个"停顿"我用了3～5年时间才开始掌握，并且用了8年的时间才开始驾驭，而且这只是师父教我的一小部分能力。

工作不仅需要能力，机遇也非常重要。刚毕业的前三年，物理科组奇缺年轻人，30岁以下的教师只有两位。当时的一些市级讲课比赛、校级讲课比赛我只能去参加，付出了大量精力和时间，也得到了很多锻炼。现在回想起来，当时只要科组提一句："有个某某比赛，你去参加吧。"接下来的事情，就是我问前问后，到处追问，不断地向师父和各位老教师请教。虽然老教师们对同一问题偶尔会有不同看法，但这些在知识理解上、授课方式上，甚至价值取向上各有道理的不同看法恰恰是对我帮助最大的。很多时候，为了弄清楚某个深层次的物理问题，或者教育学及心理学上的某种数据分析结果，我都要花很多精力去知网查论文，当时手机上网还不方便，所以电脑的使用率特别高，有段时间学校发的笔记本电脑故障不断，我为了查询论文还买了台电脑。回想起来，我的物理知识及教学观念的进步主要是通过这种方法，但是师父的引领和老教师的带动才是动力的源泉。

2007年是我参加工作的第二年，中山市举行了全市教师课堂教学大赛，我代表学校参加比赛。当时的我教书还不到一轮，且不说教学体系和教学风格，不讲错知识都是不容易的（这里的错误指对物理知识深层次的表述或理解），如果真是自己准备一节课，定是过不了初赛的（当时的比赛有3个环节，初赛、复赛和决赛）。当时学校年轻教师少，没搞初赛我就直接代表学校参加了复赛。在大赛面前，对局势和自身能力的判断非常重要，幸好我在这方面有一点天分，很快就意识到自己单干肯定不行。在简单备课后，就进入了长达一个星期的练习阶段。我记得最清楚的一次是下午上完课，还有两个小时下班，唐老师主动问我备课情况，还直接让我把上课思路说一遍。显然，我说不出来，当时对讲课的理解还是把知识讲出来，设置一些问题，处理一些题目，这当然得到了师父斩钉截铁地否定。师父对我最大的帮助是他对教育的理解，他不会直接给我指定上课思路，而是不断地问各种问题，包括这节课分几个环节，重点在哪里，过渡语是什么，讲这个问题的目的是什么等。这些问题逐渐使我站在一个新的高度看待自己的课，当然也就不断地否定之前的理解。最后上课时自己也感觉顺畅了很多。回想起来那是工作一年以来第一次顺畅地上课，之前都是听一节上一节，漏掉的知识后面补上。复赛是在中山市桂山中学举行的，我上的课题是《光的折射》，最后有3位选手进入了决赛，其他复赛区也产生了5位选手。

决赛的题目是《原子结构》，在中山纪念中学举办。当天科组岑老师和唐老师陪同我去参加比赛。坐在车上，抱着实验仪器去比赛的兴奋，我现在还记忆犹新。由于兴奋，当时其他参赛老师上得怎么样，自己上完课后仪器带全了没有都已经记不清了，总归是拿了个一等奖。

2011年是我工作的第五年。一天，年级召集了5位不同学科的教师开会，当时其他4位教师都是各个学科中非常优秀的青年教师。很快，我们得知省里有个教育技术比赛，文件下发到了学校，学校比较重视，所以由年级主任直接指定人选。有了前些年参赛的经验，我并无畏惧。初赛过后，就只有我一个人进入了复赛。那一年，我和谭老师在一个办公室，复赛刚结束，谭老师就告诉我他要代表广东省去北京参加全国物理教师名师赛，想让我作为陪同一起去北京观赛。得到这个消息，我别提有多高兴啦。我从来没想过自己还能去首都参加全国比赛。事实证明，这种兴奋是有道理的。10天左右的北京广渠门中学之行，开阔了我的视野。我亲身经历、亲眼看到的各地名师的备课、磨课、赛前准备、心理调整、临场把控精彩至极。当时我问了谭老师一个问题："您觉得到这个层次的比赛，主要比什么？"实际上我是真的不知道答案才请教谭老师的，因为谭老师有比赛任务，虽然我认为谭老师的课已然无懈可击，但是在赛前的紧张气氛下，我还是不敢多问问题，以免打扰他。谭老师的回答我记得很清楚："比对课程的理解。"现在反思，这得是花了多少年的功夫才会水到渠成的答案呀！北京之行后，我把比赛录像看了好多遍。当时还没有U盘，我回家后的第一件事就是把光盘里的内容拷贝到电脑里，足足用了3个小时。回到中山后半个月，我参加了省赛的决赛，取得了高中组第一名的成绩，获得省一等奖。

三、长期出题，专业磨炼

2012年，出于工作需要，学校让我担任高一年级学科组长，现在看起来这对我的专业发展方向影响颇深。工作6年，刚刚完成首轮教学任务，教学风格尚未形成，专业上还有很多欠缺，当时我最担心的是无法胜任。很快，出题任务开始死缠着我不放。之前师父教过我一些出题的技巧，但是针对段考出题，我是没有经验的。要考虑对知识点的考查，还要考虑题目的难易分布，区分度，特别是题目的信度，也就是题目要有一定的原创性，不能是各班讲过的原题。那种出题的感觉就像做贼一样。经过6年的历练，我对于出题有了一定的理解，命题的质量和速度也都有所提升，实际上命题不单是命题，而是对高考政策、课标考纲及学情等多重问题的综合思考后自然而然的行为。最集中的命题出现在高三，10次模拟考试加高三下学期的每周两次考试，有时新编一题要4～5个小时，错题率和有效性两个问题始终是最耗时的。但不可否认，命题工作将教师的台前工作转为幕后，更加考验一个人的心理综合素养，是对专业很好的训练。面对自己出过的错题和无效题目，我只能对它们说："我会更加努力。"

我在收获经验的同时也有一些遗憾。由于毕业初期就担任竞赛教练，然后担任学科组长，我的班主任年限不够，无法参评高级教师。恰巧赶上双胞胎儿子出生，没有条件同时担任班主任，评级的事情暂时搁置。

四、名师指点，团队带动

2018年初，我们得到教育局通知，可以申报广东省中山市华琳名师工作室学员。我就报了名。实际上，我当时不知道加入后要做什么，也不了解谁是主持人。4月初，我收到了华琳老师的电话。华琳老师直截了当地问："朱茂你好，我是华琳。看了你的材料觉得你很优秀，但是为什么35岁还没评上高级？"我一下就反应过来是什么事情了，解释道："华琳老师您好，我是因为早期带领学生参加竞赛，后来当学科组长，耽误了当班主任，班主任年限不够。"实际上我申报时对自己能否进入工作室是没有把握的，得知被选为工作室学员后我兴奋了好久。准确地说是专业幸福感爆棚，虽然当时还不知道自己要学习什么，但是和华琳老师的第一次通话就能感觉到工作室主持人是极具魅力的人。接到通知不久，我们先组建了一个微信群，很快华琳老师给我们设计的任务单就来了。第一个任务就是创建工作室的微信公众号，并把刚刚出台的新课程标准及其解读推送到公众号里，紧接着分任务进行公众号的每日推送。非常难得的是工作室的成员都能够在不了解公众号平台维护的情况下，主动学习，并且每天无论多忙都坚持推送信息到公众号，虽然很累，但坚持到学期末的时候，我相信所有成员都和我一样，感觉自己学到了东西，至少是在围绕一个主题编辑文本，搜索信息方面的能力也得到了提高。由于公众号属于自媒体，所以在查新和错字修改等方面有严格的要求，所以无论自己写作水平怎么样，至少错字率在高强度的训练下降低了很多。

暑假前夕，华琳老师的新任务又来了，我有幸代表工作室去湖北荆州参加全国第十届物理科学方法教育论坛，并在论坛做了题为"创设高中物理教学情境的有效方法"的讲座：试图从高考题目和课程标准的分析中，找到一种科学地培养学生思维的方法；注重教师在学生科学学习方法方面的引路作用，强调培养学生的思维能力，而不是培养知识能力或记忆能力。讲座受到了在座老师的好评。

在华琳老师的精心策划和悉心沟通下，工作室成员前往西藏林芝市进行送课讲学工作。在激烈的备课、磨课、讲座及评课、议课过程中，工作室成员都收获满满。面对新的环境、新的学生，工作室成员发挥各自的特长，不断学习、整合，让自己的课或讲座更加适合当地学生和教师，尽自己的能力让本次送课讲学工作发挥实际意义。我的讲座结合对高考真题及核心素养的分析，得出了一系列对高一、高二教学的优化建议，并且结合大量的实例对学生在高考中需要具备的素养进行了讲解。讲座细致、生动。在讲座的最后，我与在座的老师们分享了一些非常实用的备课技巧，引起老师们不断地交流与探讨。

2018年国庆过后，华琳老师退休了，但是她的身影依旧活跃在名师引领的道路上。10月份，省骨干教师培养对象来广东省中山市华琳名师工作室跟岗学习。一开始我并不了解具体情况，因为我们新一届成员开班仪式和省骨干教师跟岗开班是为了节省时间而一起举办的，而我理解成了一起跟岗，所以一开始的听课、讲座等活动我跟了几天，收获非常大。华琳老师给跟岗学员制定了任务——上课、磨课。华琳老师始终强调，上课才是教师的本分！同时也要学会把思考的东西写下来。在这段阴差阳错的跟岗经历中，我再一次下定决心：要把自己的常规课上好，对得起学生，对得起自己。

11月份，广东省中山市华琳名师工作室在肇庆举办强势工程培训，在培训中，华琳老师作为工作室主持人举办讲座。这是我第一次听华琳老师的讲座，非常精彩。精彩在她对教学的理解，对问题的直言不讳，对文件的解读和面对新问题、新困难的勇往直前。我想，任何一位教师，当他身边有这样一些有追求有理想，而且坚持身体力行的人在引领着这份事业时，都会被其精神所带动，都会加倍努力学习，努力工作。

转眼，我已教书13年了，感谢前辈的指引，同事的包容，家庭的支持。能够不断地摸索教育的本质，帮助学生提高素养是一份再好不过的工作，感恩这一切。

在质疑中前行

中山市华侨中学　张 黎

永远难以忘记2007年，我独自一人在华中师大的露天电影场观看梁家辉主演的电影《我的教师生涯》（*My Career as a Teacher*）。不是因为电影情节跌宕起伏、扣人心弦，也不是因为画面绚丽多彩、色彩斑斓，而是觉得她像一首诗，舒缓、平静而隽永。更重要的原因是，尽管当时电影没有令我产生任何从事教育行业的冲动，但一年后，我选择了这个行业，满怀憧憬，便开始了10年的教师生涯。

一、懵懂中的开始：被他人质疑

远赴一千公里之外，初识岭南，既有开始的期待，又有面对未知的恐惧。工作之初，对教育教学观念只停留在概念阶段，以为广东的教学依然与我中学时的情景类似。回想自己当学生的时候，老师是怎么讲的，学生是怎么学的，照着葫芦画瓢的教就行了。但是很快，一切的想法和期待便被现实击得粉碎。学生表示听不懂，而我却完全不理解为什么学生听不懂、看不懂，自己也学不懂，另一方面觉得懂不懂，甚至学不学应该是学生自己的事情。因此，总是责怪学生为什么这么简单的概念、这么简单的公式都不理解，为什么如此简单的数学问题都不会计算。我自己觉得教学应该如何进行，觉得学生应该自主学习，但是，一切都只是"我觉得"。

而同时，工作之初的工作量非常大，年轻教师都是教四个班，做班主任。每天看着堆积如山的作业，处理着班级烦琐的事物，心头的抱怨油然而生。第一次的段考考试，我还心存幻想，觉得学生应该不会太差，有30个班参加考试，自己带的班怎么样也不会排到最后吧。记得第一次看到学生考试的成绩，我犹如走路时突然跌落深坑：4个班几乎全部垫底，而且与其他班级的差距非常大。第一次召开年级总结会，我甚至连抬头的勇气都没有，只听见主任咬牙切齿地说："某某班，物理退步19个名次！……比港澳班还低！"特别是"19个"这几个字，无比清晰，饱含愤怒。工作10年，回想大大小小的无数次考试，甚至是在学校历史上，的确从未见过有哪个班退步如此之大。是我，创造了一个无人打破的"记录"。我第一次怀疑自己，更被所有人质疑，我是来做老师的吗？为什么我就是最差的？怎么会是我呢？

而这还只是开始。教学失意，班主任工作也是江河日下。班级管理趋于失控，领导意见很大。我自己的心态也是每况愈下，结果必然是恶性循环。一个学期以后，我成功被辞掉了班主任工作。一次次的失落让我再次怀疑自己是否适合教师这个工作，逃避的念头油然而生。

高一结束以后，虽然最后考试成绩并不是最差，但是我的人设却已经印在所有人的脑中。第一年的暑假，我深刻反思了这一年的工作状况，心想无论如何也要改变原来的状态，不能总是被别人质疑，被别人否定。新的一年，我再次满怀期待，但当看到新的工作安排时，我却发现自己被安排到了最悠闲的岗位上——教四个文科班，每周总共四节课。尽管其他教师工作量很重，但都与我无关，甚至当我去听课的时候也会被质疑：你不是教文科班的吗？新的工作安排将我的一切期待化为泡影。所有的反思，所有的决心，所有的理想，所有的锐气，就像刚刚燃起的火星被一大盆冰水浇灭。未来，我将何去何从？

这是最轻松的一年，工作之余有很多时间，于是我开始了自我学习模式，学日语，学英语，写论文，看其他书籍等，但都与教学关系不大。尽管不一定有多少效果，但自己却乐在其中。

很多人一开始工作就顺利踏入正轨，而我却几乎荒废了工作中最应充满活力的两年时间。没有怨天尤人，我回想当初为什么会是那样，觉得主要有几点原因。

1. 及时反思不足

任何变化都会有一个不断适应新环境的过程，而适应的过程，更是学习的过程。当上完每一节课，处理完每一件小事时，我并没有及时进行深刻的反思，在后续的课程中变化不明显。

2. 心态调整不力

工作之初，各方面的压力很大，而自己适应性不强，对新环境的反馈不够及时。很多小事不尽如人意，失意感重，心理阻力太过明显，内耗巨大，无法走出困境，导致恶性循环。

3. 关注学情不够

备课不只是对教学方法和教学内容的准备，也是对学生实际学情的准备，而这一点却是我最晚意识到的。课本知识本身没有多少难点，教学过程的难点往往是知识呈现的方式，不同层次的学生，呈现的方式不同。当然，传授知识是教学目的的一方面，但从育人的角度讲，思维引领、逻辑培养、人文关怀等目的则是一堂课的灵魂之所在。

二、摸索中的三年：质疑自己

第三年，同样是"被打入冷宫"。但人不能两次踏进同一条河流，我决心自我救赎。我鼓起勇气，重建信心，硬着头皮向学校、向年级申请做班主任。尽管屡次被拒，屡次被推脱，但我已经不在乎自己的脸面了。幸运的是开学一个月以后，某位班主任因身体不适无法承担班主任工作，才轮到我顶替。我重整旗鼓，强迫自己以笑容面对所有工作。白天忙工作，课余时间提升自己，我想自己还年轻，我的生命一定会有更精彩的一面，就如同我们经常对学生讲的，每个人都有自己的花期，只是花期不同而已。

当自己改变以后，就会发现全世界都变了。所有的工作都在一瞬间捋顺了，教学工作成果满意，班主任工作也令人满意。很长一段时间，我的教学成绩都处于相对领先的位置。我也开始有机会参加一些学校和市级的比赛。

参加大型教学比赛是教学水平提高的最快途径。那一年，我有幸代表学校参加市级教学比赛。第一次参加比赛，我发现自己的优点与缺点都很显著。准备的时间不长，因此工作量巨大。课程设计、实验设计、流程安排、语言组织等各个方面必须精雕细琢，就如同打磨一件精致的工艺品，每个细节都容不得任何马虎。不只要注重细节，更需要注重整节课的思想性，如果没有高维度思想的引领，那么再精致的课也只是一件精致的垃圾。幸得全体同仁的鼎力相助，尤其难忘的是胡老师的大力支持。在试讲后，他与我一起精心评课、磨课，每一个环节，每一个细节他都会与我讨论。胡老师高水平的点评与巨大的耐心让我终生难忘。最终的比赛，我不负同仁的期待，以第一名的成绩获得一等奖。

从那以后，我再次回忆曾经上过的课，居然有些唾弃。曾经上的那是课吗？恐怕大多是误人子弟吧。经过比赛，我才算知道课该怎么上。虽然平时的教学，我不可能将每节课按照比赛的要求去准备，但是经过这一次洗礼，自己的认知水平已经上升了一个层次，而对高一年级课程的认知，一定会对未来的教学产生巨大的影响。每一次的磨炼，都是一次提升的机会。

之后的几年，一切似乎很平静，教学工作逐步得到认可，虽然没有变成美丽的白天鹅，但再也不是曾经的丑小鸭。安静的生活，繁忙的工作，很多时候累到疲于应付，懒于反思，怠于进取。潜意识中觉得自己把教学日常做好即可。可是有时候又会怀疑工作的意义，怀疑生命的意义，未来几十年，难道一直如此？教师就是最适合我的职业吗？我究竟归属于哪里？

总结那几年，有得也有失，主要有以下几点。

1. 积极的心态是制胜的法宝

有句广告文案说，如果你知道你要去哪里，全世界都会为你让路。在失意的时候，我也曾暗中抱怨过，抱怨缺乏指导，抱怨剥夺机会。但是我更明白，有些事注定是可遇不可求的，根本原因永远在于自己。你微笑，全世界都会对你微笑。

2. 眼界决定了追求

对于教师而言，只是处理好日常教学工作，只满足于教学成绩，这样的追求注定只能走向平庸。命题、评课、教研、扩展知识面、不断提高理论水平，每一项都值得学习，每一项都有广阔的发展空间。

三、新征程的继续：质疑一切该质疑的

很长时间内，我不知道究竟该追求什么，也没有太多机会去见识、学习与提升。直到2015年，经过几次深刻的学习，方才认识到自己的无知。

记得那年去深圳参加班主任学习，做讲座的是钟杰老师。她对班主任工作的讲解，引起了我极大的共鸣。这时我才意识到，班主任可以这样做，为什么我没有早点听到这样的讲座呢？为什么我不可以呢？正是那次讲座给我的启发，才让我有了一点做班主任的思路。从那以后，我对每次外出学习都

抱有极大的期待。

第二次印象深刻的学习是市教研室组织的学习讲座。之前也听过专家的讲座，收获很多，但这一次的讲座，不只是收获，更是一种触动。同样是一线教师，同样是工作不满十年，但是他们却已经从讲台走上了讲坛。而水平之高，见解之独特，令我望尘莫及。再想想自己从工作至今，似乎没有什么特别拿得出手的东西。尽管后来自己也在高考复习交流上进行了发言，但总感觉相形见绌。此时我才意识到，原来教师的日常应该这样做！精雕细琢见精彩，归纳总结促成果，反思提升成名家！

第三次是参加全市的高考模拟命题。此前只是在教学中偶尔对题目进行改编，真正改编考试命题的机会并不多，也较少站在命题人的角度去思考。那次的命题模拟，我虽然也准备了不少，原创和改编都有，但直到和其他几位教师一起工作，才发现自己又是一次献丑。他们对高考的理解，对考纲的解读更加深刻。题目几乎全部原创，而且都是高质量的考题。命题是一次洗礼，需要对课标深刻理解，对考纲精准把控，对趋势合理判断。同时文字表达、数据设计、情境创新、字数控制等诸多细节方面，甚至一个标点符号的使用都很考究。虽然这一次我又感受到了差距，但是已经没有了早期的恐慌。因为我知道自己也可以做好。

2018年初，一次偶然的机会，我听说广东省中山市华琳名师工作室招收学员，就抱着试一试的心态提交了申请，并且幸运地成为工作室成员。工作室就是个人成长的一个最好的平台，尤其是一个优秀的工作室，其对成员的促进作用是巨大的。主持人华琳老师极富教育情怀，她在工作中的严谨，生活中的和蔼，为人的真切，无不感染着我，也感染着每一位成员。而工作室每位成员也都是我学习的榜样。工作室同样提供了诸多难得的学习机会。见识广了，才知道差距；学习面广了，才知道该钻研什么。

一次次的思想碰撞，一次次的学习交流，效果不一定是当时听到了什么，也不一定是当时记录了什么，而是究竟有多少理念为自身所内化，使自身受到启发。只有内化的内容才真正属于自己。在一次次的洗礼中，我逐渐认识到专业发展之路才是一位教师应该走的路，我该质疑的不是走哪条路，而是路该怎么走，如何走好这条路。真正应该思考的是高考改革，该质疑为什么改，怎么改；盾到一个观点，该质疑为什么正确，有没有自己的思考；选用一套教材，该质疑为什么要选；上一节课，该质疑为什么这样上，怎样上更好；见到一道习题，该质疑为什么好；见到一个现象，该质疑自己能否解释……质疑让自己更深刻，质疑让自己免于平庸。

逝去的时光，错过的机会，永远没有回头的可能，每一天，每一秒，我们都活在当下，都要面对未来，能改变的也只有未来。树立目标，坚定自我，持之以恒，有思考，有质疑，才有收获。

感谢曾经的挫折，感谢遇见的人和事。

脚不停，路无尽。

学无止境

——带着教育情怀教书育人

中山纪念中学　杨立楠

2002年，大学毕业我就来到了美丽的中山纪念中学任教高中物理。转眼间16年过去了。这些年和学生的摸爬滚打，让我更加清楚地认识到教师这份职业的真正魅力。

教书，每天都在和一个个把喜怒哀乐都写在脸上的学生打交道，他们纯真、好学、充满活力，偶尔也会调皮、困惑、无理取闹，每个学生都是独一无二、无法复制的，但是相同的是他们都信任老师，渴望在老师那里学到知识和本领，有时甚至会把老师的话当作"圣旨"一样去执行。教书这几年，我深刻地感受到，有时一句话就如一股暖流流进了学生的心田，有时一句话就如一剂强心针激发学生学习的动力，有时一句话就如灯塔照亮学生前进的方向。教书的价值不就在于此吗？有人因你的存在而感动和转变。

刚做班主任的那几年，因为教学经验、教育理念不够丰富，我每天都会被一些琐事缠身，如宿舍内务扣分、班级纪律、班干部管理等。班会课通常是传达年级指令，对学生提要求，枯燥乏味。其实，教书育人是一门艺术，只有真正领悟了教师这个职业的特点，才能从中体会到自我价值的存在。教师是在和学生打交道，他们有思想、有情感，重视情感教育才能轻松驾驭一个班级。我们不要每天都盯着学生的成绩，想想学生在学校学习，除了课本上的知识，还需要什么？学生需要一个团结上进的班集体，学生需要学习方法的指导，学生需要学习科学的思维方法，学生需要正确价值观的引领，学生需要一个合作交流的团队，学生需要一个干净、舒适、友爱的宿舍环境，学生需要小伙伴的陪伴和关心，学生需要真诚的倾听者，学生需要良师的指引、学生需要自信心的培养，学生需要展示自我才华的舞台，学生需要释放压力的体育活动，学生需要抗挫能力的锻炼等。其实这些学生内心的需要，正是当下提出的中国学生发展以培养"全面发展的人"为核心的素养教育。转变了教育的理念，就会发现有很多有趣的事情等着你和学生一起去完成。辩论赛、演讲、情景剧、篮球赛、才艺表演等都是学生比较喜欢参与的活动。在这些活动中，学生各方面的能力都可以得到锻炼和提升。

教书，每天都在和课本、学生打交道，不同的是我前面几年大部分时间是花在了备课上，思考更多的是如何把知识教给学生，也就是我们常说的传道授业解惑。这几年，随着教学经验的丰富，我更多关注的是学生需要怎样的课堂，如何教会学生学习，学生学习的瓶颈在哪里，我的课堂除了教会学生物理知识外，还能教会学生什么。

就拿改作业来说，可以明显看出这几年的成长。当年刚走上工作岗位时，我觉得能在学生的作业本上画上几笔，那是无比的骄傲和自豪。偶尔会在学生的作业本上和学生交流几句，写一些鼓励的话语等，仅此而已。对于学生不能按时完成作业，有题目没做时，总是心头一把火。不会进行更深层次的思考，不去思考学生不会做的原因在哪里。经过这几年教学经验的积累和反思，我现在改作业时，已经改变了固有的观念。如果不是学习态度问题，为何要强迫学生去抄答案来应付老师呢？我的学生，一道题目花了时间去思考，但是没有思路时，我允许他们不做，当然，前提是要把困惑或者想要解决的问题写在作业本上。有时只是几个字、一句话，就可以让老师更好地调整自己的教学，站在学生的角度去思考问题，真正做到对症下药，提高他们学习的效率和质量。

这些年我参加过几次比较有意义、对我的专业发展影响比较大的培训。一次是2012年，我参加了省里组织的骨干教师的培训，有幸跟着华琳老师跟岗学习了三周的时间。在学习期间，通过听课、上课、评课以及听了专家的几次讲座，我对物理学科有了更加深刻的理解和认识。还有就是2018年再一次加入广东省中山市华琳名师工作室，成了工作室学员，从此开启了新一轮的三年专业发展学习之旅。

坦诚地讲，这些年我更多关注的是教学成绩的好坏，真的很少静下心来思考如何提升教育科研能力，如何把自己的教学经验和理论结合起来，挖掘出教育的实质。在加入了华琳名师工作室后，聆听了很多教授、名师的讲座，让我大开眼界。讲座内容丰富多彩，从师德建设到教学艺术，从争做优秀学员到如何选题撰写论文，专家都给出了明确的指导意见。特别要提的是在深圳南山外国语学校听了冯学校长的一场讲座，让我感受颇深。大家一直关心的减负增成绩，冯校长把它真正落到了实处，落实到了课堂上。冯校长的一句话"珍惜每一名学生的生命，就要用好课堂的45分钟，否则就是在浪费学生的时间"给我留下了深刻的印象。冯校长的讲座幽默风趣，有课堂实例，也有理论分析，深入浅出地道出了教书育人的实质，那就是教书要尊重学生发展的规律。听了冯校长的讲座，我才恍然大悟，有想法就应该行动起来！其实在教学的过程中，总会遇到一些问题和感悟，只是我没有把它们记录下来，并形成文字叙述。例如，面对高中生作业繁重，怎样可以优化各科作业？怎样才能上好一节习题课？章末总结课用什么样的形式上？探究实验课应该怎样上？怎样在课堂上体现学科核心素养？怎样培养学生建立物理模型的习惯？通过这段时间的学习，我意识到，只要善于积累，探求教育的本质，自己就会和学生一起成长。从前，我一直认为一线教师工作忙，没有时间做课题，就算做了，也觉得是应付了事，没什么参考价值。现在对于做课题我有了新的认识，可能开始的小课题，真的很粗糙，也不成熟，但是在用心做的过程中一定会有你意想不到的收获，哪怕是一个小小的课题，也会在我们的教学中留下痕迹，会带我们去思考，去认知。同时，做课题的过程是自我文化、专业素养提升的最好机会。我们会去查阅大量资料，会去翻看各种书籍，在这个过程中使自我修养得到提升，让我们更优雅、更从容地站立在三尺讲台上。其实教师在课堂上展现的魅力，功夫在课下。那些大师的课，哪个不是课下功夫的沉淀。与其羡慕地竖起大拇指，不如真正从自我的改变做起，多读好书，多反思自己的课堂教学，多动笔，不做空想家，把教学经验和理论结合起来，这样才能形成高效和系统的课堂教学。每个人可能上课的风格不同，但只要是尊重学生的发展规律，用心钻研，尝试去改变，每个人都可以在自己的讲台上大放异彩！

在培训学习的过程中，我感触最深的是："有压力才有动力，有动力才有成果，有成果才有成就感。"最近，我正在积极参加教育科研课题的研究，正在和几位同事一起做"核心素养导向下提升高中学生物理学习能力的策略研究"的课题。经过几次课题组组织的研讨活动，我收获很多。刚刚上了一节公开课，在磨课的过程中，我不断思考，不断突破，把教学理念渗透到教学设计和教学实施的过程中。看似上了一节公开课，跟着写写教学设计、教学反思、教学案例，实际上还是从中思考了很多教学上需要改进的教学理念，收获非常大。

记得在华琳老师的讲座中，她强调要带着教育的情怀教书育人，学生要成才，自己也要成长！教师生涯的发展阶段要经历几个阶段，从教学技能、教学经验、教学艺术、教育哲学到教育信仰，不断将自己的教育理念升华！这些话时刻激励着我们工作室的每一个成员，不忘初心，走在专业发展的道路上，以求师生共进。

从信服教育到教育幸福

——我的专业成长

中山市第一中学　李中玉

从小，我就很佩服自己的老师。佩服他们能娴熟地驾驭书本上的知识，佩服他们懂得有趣的课外知识和生活知识，佩服他们能让班上桀骜不驯的同学信服。小学语文老师身着自织的毛衣举止优雅，初中语文老师的朗读声清脆悠扬，高中语文老师的文笔洗练流畅……记忆里的事好像发生在昨天。

1998年，我考上西南大学物理系，开启了做一位教师的旅程。在老师的真情厚意、谆谆教诲下，我的专业知识逐步增长。同学间的友谊现在依然让人回味，并成为我们现在联系的桥梁。我依然记得，学习时彼此的关照和生活中相互的体谅；依然记得，量子力学考试时老师给我99分，并告知我扣1分的原因；依然记得，离别时秉烛夜谈、诉说衷肠……大学四年来所获的奖项有西南大学优秀学生、西南大学二等奖学金、西南大学物理系优秀学生。感恩母校、感恩老师的培养，感谢同学间的情谊让我成长。

年轻的我对教育是信服的。我信服老师对学生的教育是真诚无私的；我信服教育能让志同道合的人相互激励，共同成长；我信服教育有着化腐朽为神奇的力量。

2002年，大学毕业后，我到广东省佛山市南海区南海中学任教。初为人师，心中不免充满豪情。这不仅仅是因为多年来的夙愿得以实现，也是因为教师从来就是一份神圣的职业。对这份职业的喜欢不是源于她是人类灵魂的工程师，而是源于她能陪伴孩子们成长。我在佛山市南海区南海中学教书13年，当了9年的班主任，4年的备课组长。

在这期间，我认为教育是一种责任，教师就应当赢得学生、家长的佩服和信任。教师应当对教学负责，班主任应当对班级负责。教师的职责就是要让学生相信其所呈现的道理，服从其教育。这13年来，作为高中物理教师，我一直在教学上下功夫，努力学习现代教育技术，认真备课、批改作业……作为班主任我狠抓班级管理，在促进学生物理知识增长的同时，引领学生从感性迈向理性，健全他们的人格。

每一天的工作都是辛苦的，我感觉每一天都在和学生做斗争。星期一到星期五，每天都是备课、改作业、记录没有交作业的学生名单、处理不认真学习的学生、约谈有问题的学生，晚自习时悄悄待在教室后面，观察学生的情况……周末、节假日担心学生不学习，一再强调要检查。每一天都拖着疲惫的身躯回家。印象最深的是，每天夜深人静时走在回家的路上，脚后跟传来的阵阵疼痛感。勤苦的付出总是有回报的。我所带的班级尽管是平行班，但出过理综佛山市状元。作为备课组长，所带科目成绩逐年上升，"成长记录"的课题获佛山市一等奖。

但这样的工作和生活是艰辛的。个别学生表面的信服并不能说明不存在内在的不满情绪。本来在社会角色上对立的老师和学生，心理上也容易出现裂痕和对立。不交作业的依然坚持着自己的做法，你要让我交，我就抄，反正不会做。吵闹的，老师在时就安安静静，心里不知道在想什么；老师离开后就开始做小动作……老师和学生之间每天都在上演着侦查与反侦查，教育与避免教育，强迫学习与逃避学习的戏码。

在此期间，我也努力地在教学和教研中前行，不断提高自己的理论素养和专业能力。发表文章6篇，1篇获省二等奖，3篇获省三等奖，1篇获市二等奖，2篇获区优秀奖，1篇获区二等奖，获校级教学比赛特等奖1次，以及一些其他校级比赛奖项。

2013年，我离开佛山市南海区南海中学，来到中山市第一中学任教。在新的环境里，我开始反思以前的教育教学方式，并再一次和学生一起成长。在这里，我开始意识到我以前教育教学中存在的问题。在教育教学中，我一味地强调教师要获得学生的信服，其实就是在将本来对立的社会角色在心理上分出阵营。这会将教育教学工作演变成师生间的侦查与反侦查工作。之后，我开始了自我教育教学教研的探索，期望在教育教学中师生都能感受到教育的快乐和幸福，而不是明显的等级差异，相互间的监察与督促。

我会在物理课堂上穿插故事，在渗透物理概念的同时，交换彼此的情感，分享彼此的喜悦。例如，在讲解电流的磁效应时，我讲完实验，会讲奥斯特发现它的故事：电和磁现象被发现后，很多人都在思考，这两种看不见的东西之间是否存在联系？奥斯特也在思考这个问题，并且每天都写日记。今天的日记上写着"今天没什么发现"；明天还写日记，"今天没什么发现"；后天还写日记，"今天还是没什么发现"。（一般而言，讲到这里学生都会笑）这样的日记坚持了10年，是不是很无聊？不，这是他每天认真研究思考后的总结，是对今天工作的反思，是对现在研究方式的否定，是对新研究方式的探索，这是在不断改进。在一次外出的演讲中，他由于没有清理实验仪器，就开始做其他电学实验，在接通断开的电键时发现放在一旁的指南针轻微地抖动了一下。一般人可能觉得无所谓，但为此苦苦等待10年的他茅塞顿开，并由此开启了电磁学的新纪元。像安培、法拉第这样的大咖都真诚地给予了祝福，说这是一个世界顶级的发现。现在，我们再来看看这个实验在什么条件下最明显，就会明白为何发现这个实验历经了10年的时间。接下来就讲解这个实验中导线和指南针的位置关系。这样的教学方式，比纯粹的物理实验和理论推演会更情感化一些。

物理学的故事是我喜欢的，用它来缩小学生与物理学间的距离，激发学生的热情，实现教学互动，带动学生逐步提高能力并获得成功感，避免教与学的对立是有意义的尝试。

另外，我也尝试通过学生作业本上的批语交流彼此的学习心得。练字是我喜欢的，写评语是学生喜欢的，能将两者结合起来是一件美事。再者，学生的作业是学生现有知识点掌握情况的反映，纠正其中存在的问题，是学生学习提高的关键。很多学生做完作业后，不会再看。如有评语，学生会看看老师写了什么，甚至会在作业本上与老师交流。这既促进了师生间的交流，又提高了彼此的能力。这也是一种共同进步、收获幸福的方式。

来到中山市第一中学，并且有幸加入广东省中山市华琳老师的工作室，是很荣幸的事情。在此期间我学到了很多，感谢这个平台提供的学习机会，感恩华琳老师的指导。

和学生一起成长，共同进步，让彼此的成长浇灌彼此的快乐，让彼此的快乐推动彼此的进步，收获个人的幸福，享受彼此的喜悦，是我现在正在尝试的事情。我会在这条路上一直走下去，并期待有新的花朵绽放。

我的专业成长

中山市桂山中学　张会芬

光阴似箭，日月如梭。不知不觉间，我已从教14年！回首这些年来的林林总总，很多事虽已云淡风轻，但雁过留声，这些点滴汇集起来，已然在我生命的长河中留下了深深浅浅的印记……

一、工作历程

2004年，我大学毕业，只身一人来到中山，所有的一切对我来说都是希望和美好！年轻的心，不服输的傻劲，永远都有使不完的力气，每天精神抖擞地面对一群比自己小不了几岁的学生，尽管时不时为教学困扰，但最终凭着自己的一股韧劲也都能顺利化解。前几年的教学生涯虽然有不少辛苦但也值得，教学成绩也还对得起自己和工作中的启蒙老师。说起师父，真的惭愧，一直也没有当面说过一声谢谢，在此真的要好好感谢我的师父，是师父让我明白了教育意味着什么，一个教育者应该追求什么，一位物理教师应该教会学生什么。师父在我工作时的启蒙教育（追求本真、注重实验、执着奋进、幽默风趣）竟然一直影响着我日后的教师生涯，并且一直延续到现在。所有的这些，都是时隔多年后回想起来时的感触，当初的自己初出茅庐，只知道模仿而已。

2008年，我第一次带高三年级。由于分班的缘故，我所任教的班级是3个物理专业班中基础最差的，但也不知什么原因，这个基础最差的"老三"时不时会到第二的位置客串一下，尽管只客串过几次，但直到现在我依然记得当时自己的小得意，现在想想都觉得可笑。我是幸运的，2009年，我又再次留任高三，做物理教学工作。这对新教师而言，是一种莫大的肯定。当时的自己还暗自高兴了很长时间。正是这份肯定给了我更多的自信，让我不甘于平庸的心气也慢慢滋长开去。

2009—2012年，于我而言，是多事之秋，诸事不顺，最要命的是身体弱得不成样子，连正常的工作都成问题。所幸这段不顺的日子只有几年时间，我的身体渐渐有了很大的改善，2012年起基本步入了正轨。虽然艰辛，但还是坚持带完了整整一届。在此，我想感谢给予我帮助和照顾的人，谢谢你们让我能够在教育的道路上继续走下去，尽管道路崎岖，走得有些过于缓慢，但还是翻阅了一座座难以逾越的高山，最终守得云开见月明。

2013年，我试着重新找回曾经的自己。当时特别忐忑，特别担心自己的身体会心有余而力不足。十分幸运的是我走过来了，走得还算顺畅。当年，我写的论文获中山市一等奖，我被评为市学科先进教师、镇优秀党员等。在此，我要感谢当年努力的自己。当时的我就是全新的自己，是沉沦若干年之后再一次崛起的自己！与我而言，这是一个全新的起点！这个起步真的太晚了！但只要努力，应该不会太迟吧！带着一些迟疑，带着一点期盼，带着一些忐忑，带着一点不服气，就这样继续自己的教学生涯，尽管晚了一些，但希望一切都还来得及。2013年也是我工作的第九年，当时我深刻地感受到自己的职业发展进入了瓶颈期，觉得自己的工作就是日复一日的重复劳动，根本没有什么大的提升。这个问题困扰了我很长时间，我也暗自思量了很久：我该从哪里寻求突破口？如何再次找到自己新的增长点？

一个偶然的机会，或许也是必然，我报名考研。2014年，我如愿考上了在职研究生，3年后顺利毕业。在撰写硕士论文期间，我似乎找到了自己多年来一直在寻找的所谓的"出路"。

2018年，我申请加入广东省中山市华琳名师工作室，真的是特别幸运，我成了其中的一员，成了名师华琳老师的弟子，这份欣喜无以言表。同年8月，华琳老师组织工作室成员去西藏送课讲学，每个学员都有任务在身，我也不例外，我的任务是讲授公开课《电场强度》。其间五轮磨课的艰辛和华琳老师不厌其烦地专业指导，我至今难以忘怀，收获也很大！同年11月，我参加了肇庆的省级培训，接触到了好多大咖，这让我深深地感受到，教育世界竟是如此宽阔和精彩，让我直叹自己教育视野的狭小，这也在很大程度上促使我继续一路向前，也让我更加清楚地看清自己前进的方向。

可以这样说，在职研究生的经历让我模糊地知晓教学生涯该何去何从，广东省中山市华琳名师工作室给我的体会、感悟和开阔的视野把我曾经心中还模糊、虚掩的门一下子推开了，我的整个教学生涯竟然完全亮堂起来了！原本以为，日后几十年的教学只能在不断地重复中度过，没有想到，还有这么多新鲜事和未知的东西等着自己去学去做，真是"柳暗花明又一村"啊！我很幸运，推开了职业生涯中的另一扇门，我相信之后的路上一定会繁花似锦，我十分期待那一番别样的风景！

二、教学科研及主要业绩

在教学上，我常年担任"理科快班"物理教学，成绩一直稳居年级前列，并多次排名第一；曾担任5届高三教学（2018年正担任第6届高三教学），成绩优异，曾获"陈卓林伉俪教育基金嘉奖"；辅导竞赛，多次获"市优秀辅导教师"称号。

在教研方面，我积极参与市级和校级组织的各项教学研讨活动：2012年，在市举办的教学研讨会上，我做了题为"浅谈高三物理二轮备考"的专题发言；2012年5月，在"高考物理优秀模拟试题"评选中荣获中山市一等奖；2013年3月，论文《高中物理习题中的迁移与回归——谈"机车启动模型"之魂》获得市一等奖；2014年9月—2017年9月，参与中山市市级课题"提高高中物理教学有效性的实践研究"；2017年12月，完成硕士学位论文《新课程背景下高中物理课堂有效教学的实践研究》并顺利获得硕士学位。

我的主要业绩有：年度绩效考核中曾多次被评定为"优秀"；曾被评为"校师德标兵""校优秀班主任""校物理学科带头人""三乡镇优秀党员""市学科先进教师""市优秀辅导教师""市优秀教师"等称号；担任我校青年教师的指导导师；为了积极配合学校工作，曾担任教学、德育活动中的评委。

三、工作规划

目前，教学经验积累日益丰富，教材教法亦已熟悉，教学已经完成了由"生"到"熟"的成长跨越，能高质量地完成学校分配的教学任务，但半路又遇到了一只"拦路虎"，它让我的教学水平停滞不前，职业生涯进入了瓶颈期。为了走出这一困境，我选择了在职读研，进入工作室去寻求盟友，共谋发展。现在，我个人专业成长的主观愿望较为强烈，工作室也为我们搭建了很好的学习交流平台，经过反复斟酌，特拟定以下工作规划。

1. 保证高效课堂

我认为，"站好讲台"是教师一辈子要做的事情，"高效课堂"应是教师一辈子的不尽追求。对"高效"二字的理解，可谓仁者见仁，智者见智。而我所提到的"高效课堂"是以"源自课堂""站稳课堂""研究课堂"和"引领课堂"为必经之路，要力求做到"台上一分钟，台下十年功"，追求教学效果的极致，尽量缩短教师生涯发展的周期（教学技能3~5年—教学经验6~10年—教学艺术11~15年—教育哲学15~20年—教育情怀或教育信仰），以此达到教与学的双赢局面。具体来讲，就是扎根于教学实践，研究课例，参与各种公开课和教学竞赛，进一步全面、系统地优化自身的基本功，逐步形成自己的教学风格和教学艺术。

2. 多读书

通过读书，可以获得新知，接受伟大思想的洗礼，结合自身体验领悟教育和生活的真谛，内化吸收后滋养自己的内心，并生长出属于自己的教育智慧，这些都会成为教学内容和营养，传递给学生。其实，读书是内化的基础，分享是外化和应用。教师要想与时俱进，必须多读书，源源不断地引进"活水"，防止知识断流甚至油尽灯枯。结合自身实际，我会从教学实践与应用相结合的专业书籍着手，慢慢过渡到理论性强的专业书籍，同时也会留意心理学、教育学、哲学和文史类书籍等。在此过程中，我要养成整理读书笔记的习惯，逐步提升管理知识的能力。

3. 让反思成为习惯

不论是在学科教学、教学研究还是在学习培训中，都要把反思贯穿于其中，在增强反思意识的基础上，力争养成反思的习惯，不断提升反思能力。

（1）学科教学反思

课前，要根据学生实际和教学内容，把教学理念和教学方法落到实处，也就是确定好教学目标、设计出教学过程等；在课堂上，要根据需要调整教学行为，灵活处理生成性问题，使学科知识落实到位，学生身心健康发展；课后，要用多元评价方式综合评价整个教学活动，得出科学结论，丰富自身的实践性知识（教材分析的策略研究，教材潜在信息的挖掘策略研究，板书功效和板书设计的策略研究，实验设计的研究，语言的精练、语速语调及语言科学性的研究，教学仪态及教学肢体语言的研究，科学方法及科学方法教育的研究，学生学习心理的研究，案例设计及磨课等）。

（2）学习培训反思

培训前，先了解学习主题，查阅相关文献资料，将自己的理解和想法列出提纲，带着问题去学习；培训中，边听边思考，对比自己所认知的和老师所讲之间有什么差别，找出偏差在哪里，出现偏差的原因是什么，正确的理解是什么，如何朝着正确的思维方向走等；培训后，对学前的需要、学习收获进行综合反思，再结合教育学、心理学理论及自身实践加以总结反思，完善个人的知识体系。

4. 加强写作

首先，心理上不拒绝理论。理论并不都是高大上的，多读书、多查阅文献，理论也可以很接地气。其次，平时多做有心人，把点滴记录下来，留下痕迹，然后将它们提炼、萃取和加工，并整理成文，就成了教研成果（教研成果的形式多样，可以是教学随笔、教学论文、教学案例、调研报告、实验报告等）。最后，在全国教育类期刊中，找到适合自己的刊物，加大自己发表文章的概率，尽可能多发文章。总之，在日常教学过程中，要力争做到读书和写作双翼齐飞，慢慢积累成果，为日后成功申报课题增添几分胜算。

5. 提升科研能力

学会用批判的视角审视自身的日常工作，在实践中发现教育教学中的问题。问题即是课题，"新、重、难、热、冷"均是题材，再去知网上查阅期刊文献等，学习他人解决问题的办法，借鉴一些经典（下载量大、引用率高）的3～5年之内的文章，在此基础上提炼出自己的观点。起步从模仿开始！起初，即使失败几次也不要紧，这些失败的课题研究也会为日后成功的课题研究打下一定的基础。只有这样，才能一步一步地提升自己的科研能力。

最后，分享自己的一点感悟：教学是术，亦是道的外显，重在教学该如何实施；科研是道，亦是术的凝练，重在研究教学为何这样实施。作为一名教师，一辈子就是在做一件事，力求"术"和"道"的完美融合，让教学和科研两辆马车并驾齐驱，即教研相长！当然，这个过程一定不会轻松，需要淬炼和反复打磨。无论如何，我都要努力坚持走下去！

教学风格转型记

中山市第二中学　黄德斌

　　有人说，成功就是不断重复地做好最简单的事情。反思我自己在教学过程中的成长，觉得这样的说法不适用于教师的教学。虽然我们所教的知识可能是重复的，但没有一条教学规律对所有学生都是适用的。如果不能结合不同学生的实际情况进行有目的的教学设计和反思，我们的教学在时间上的积累只能称为教学经历，而不能称之为教学经验，自身的成长不会有多大的进步。只有不断针对自己的教学，刻意地进行反思与改进，那些教学过程中的成功与失败才能成为让我们进步的经验。在不断地反思与成长过程中，我的教学主张与教学风格经历了以下几个变化。

一、教学方式从"按部就班"到"变式教学"

　　开始从教的几年，我总认为学生的成绩主要取决于他们对知识的掌握程度，认为只要在课堂上把知识讲得清楚到位，学生的成绩就会越好。但后来我发现，在某些问题上学生总容易出错，而且发现出错的原因主要不是物理知识的问题。例如，我在高三复习牛顿第二定律的应用时测试了下面这道题目：

　　【例1】质量为M的三角形物块放置在粗糙水平地面上，开始质量为m的物体以速度v_0沿三角形物块的粗糙斜面匀速下滑，某时刻给物体施加一沿斜面向下的推力F，使物体沿斜面向下做加速运动，如图1所示。整个过程中，三角形物块始终静止在地面上，设物体向下加速运动时，地面对三角形物块的支持力大小为N，地面对三角形物块的摩擦力为f，重力加速度为g，则（　　　　）。

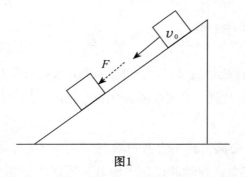

图1

A. $f = F\cos\theta$，方向水平向左，$N = (m+M)g + F\sin\theta$

B. $f = F\cos\theta$，方向水平向右，$N = (m+M)g + F\sin\theta$

C. $f = 0$，$N = (m+M)g$

D. $f = 0$，$N = (m+M)g + F\sin\theta$

测试后对其中439名学生的答卷进行了抽样统计，结果如图2所示。48%的学生错选A，22%的学生错选B，12%的学生错选D。

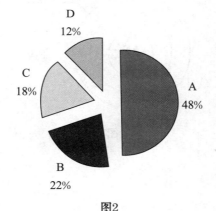

图2

在与学生的交流过程中，我发现大部分学生错选A的原因是解题时运用了整体法进行受力分析，但没有注意到物体的运动状态是沿斜面加速向下的，仍然用力的平衡方程来进行求解。由此可见，学生出现这种错误并不是物理知识掌握不到位，而是思维惯性的问题。在高中物理的学习中，喜欢用结论来做题的学生特别容易形成思维的定式。例2（2012年高考全国卷物理试题，21）的统计结果充分说明了这一点。

【例2】假设地球是一半径为R、质量分布均匀的球体。一矿井深度为d。已知质量分布均匀的球壳对壳内物体的引力为零。矿井底部和地面处的重力加速度大小之比为（ ）。

A. $1-\dfrac{d}{R}$ B. $1+\dfrac{d}{R}$ C. $\left(\dfrac{R-d}{R}\right)^2$ D. $\left(\dfrac{R}{R-d}\right)^2$

高考评卷的抽样统计结果显示，此题选择D选项的考生占55%，反映出很多考生是套用"黄金代换"公式 $GM=gR^2$ 中 g 与 R^2 成反比的结论进行解题而出现了错误。

通过与同行的交流，再结合我所教的学生的实际，我发现在教学中通过课堂或课后进行变式教学的设置，能有效地解决解题时由于思维定式出错的问题。

例如，在学习"人造卫星的运动规律"这一内容时，我选择下面3道题目来进行变式训练：

（1）如图3所示，飞船从轨道1变轨至轨道2。若飞船在两轨道上都做匀速圆周运动，不考虑质量变化，相对于在轨道1上，飞船在轨道2上的（ ）。

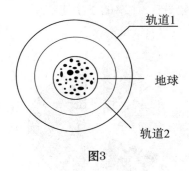

图3

A. 动能大

B. 向心加速度大

C. 运行周期长

D. 角速度小

意图：这道题的情境是常规的卫星环绕模型，比较在两个远近不同轨道上的飞船的运动情况（包括线速度、角速度、周期、向心加速度）。通过这个题目，学习万有引力定律在卫星环绕模型中的简单应用，通过分析、计算得出结论。

（2）如图4所示，甲、乙两颗卫星以相同的轨道半径分别绕质量为 M 和 $2M$ 的行星做匀速圆周运动，下列说法正确的是（ ）。

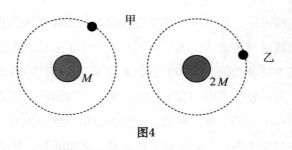

图4

A. 甲的向心加速度比乙的小

B. 甲的运行周期比乙的小

C. 甲的角速度比乙的大

D. 甲的线速度比乙的大

意图: 通过变换卫星环绕的中心天体,让学生初步意识到"越高越慢"这个结论是有适用条件的,做题时应注意具体问题具体分析。

(3)地球赤道上的物体随地球自转而做圆周运动的向心力为F_1,向心加速度为a_1,线速度为v_1,角速度为ω_1;地球同步卫星的向心力为F_2,向心加速度为a_2,线速度为v_2,角速度为ω_2。设物体与卫星的质量相等,则(　　　)。

A. $F_1 > F_2$　　　　B. $a_1 > a_2$　　　　C. $v_1 < v_2$　　　　D. $\omega_1 = \omega_2$

意图: 通过此题让学生进一步意识到做物理选择题不能套用结论,根据题目的信息建立物理模型进行分析才是解题的关键。

通过改变物理题目的条件和情境,引导学生根据原理和规律积极思考,培养实践意识和创新力。一题多变、一题多解、一题多用都是常见的"变式教学"的方法。"变式教学"的思想也可应用在授课方式上。实践表明,这样的教学方式对于中等层次的学生来说,比把大量时间花在讲知识、讲题型上的做法更高效。

二、知识构建策略,从"一步到位"到"低台阶、快步走"

初中物理教育重视现象的记忆、简单规律的应用,而高中物理教学重视对物理现象本质的研究,注重对物理思维能力的培养。我在教学过程中发现,高中物理教学时如果不做好与学生的原有知识的衔接,有很多在初中物理成绩好的学生到了高中就会出现成绩严重下滑的现象,对物理的学习逐渐失去兴趣与信心。比如,"加速度""受力分析"这些内容,在抽象思维能力和数学能力都还不强的情况下，对于高一的学生来说，其实是很难真正掌握的。后来和一些有经验的特级教师进行交流与学习，我改变了原来的做法：对于中等层次的学生，在高中物理知识的建构上，我采取了不实行"一步到位"的策略，特别是对于一些贯穿整个高中物理的内容，实行"分阶段、降低入门台阶和坡度、低台阶、快步走"的策略。例如，"受力分析"这一内容贯穿于整个高中物理的学习，在教学中要注意建立渐进的阶梯，降低难度。刚开始的时候，我只要求学生在物体能够看作质点且处于平衡状态的情况下，画出其受力分析图，把受力都画在一个作用点上。学习完牛顿运动定律后，再逐渐过渡到画出叠加体或运动状态稍微复杂的物体的受力情况，到学生对牛顿运动定律有较深的理解后，才介绍受力分析的整体法，学习了电场、磁场后，再让学生掌握在复合场中的物体的受力分析。建立学习阶梯，降低入门台阶，有助于使学生的学习信心慢慢建立起来，逐渐深入细致地进行理解，使他们掌握物理概念和方法的真正内涵。

三、课堂教学从"一个人的舞台"到"一群人的课堂"

在刚开始从教的两三年里，我常常有这样的感觉：一节课下来自我感觉不错，但学生的评价和成绩却达不到预期。面对中等层次的学生，在教学中还经常会遇到这样的情况：刚刚在课堂上讲完的内容，一下课就马上有学生来问，而且在问问题的过程中完全感觉不到学生听过刚才的课。面对这样的学生和这样的问题，我常常感觉无奈、不耐烦甚至愤怒，直到有一次一个学生对我说："老师，这个你觉得这么简单又刚刚讲过的问题虽然只有我来问你，但其实班上那些上课时不出声的人当中，还有很多人是没听懂的，只是他们不敢来问而已。"我当时听到这话感觉很不好，觉得这样的评价是对我讲课效果的一种否定，但认真想一想，觉得这话其实很有道理。为什么考试时我们讲过的内容很多学生还是会出错，而且是一错再错？其实我们在课堂上更喜欢关注那些表现活跃的学生，更关注讲课过程中自我的感觉，往往忽略了那些默不作声，当你提问时会用一种很畏惧的眼神看着你的那部分学生。如果我们缺少与多数学生的交流，教学时就不知道哪些地方应该讲，哪些地方不用讲，也就不能抓住学生的注意力，往往导致很多时间是浪费的。而要解决这个问题，必须与学生在课堂或课后进行有效的交流。卢梭说，热情可以弥补才能的不足，这要好于能力对热情不足的弥补。套用这句话，我觉得应用于教学中也非常合适：与学生的交流与辅导可以弥补课堂的不足。当然这不等于不用认真备课和上课，交流多了，课堂的氛围会更和谐轻松，上好了课，课后的辅导会更轻松些，这是相辅相成的。

如果没进行有效的交流，教师很容易犯的错误是按自己的想法去看学生，这有时会导致教师带着某一种情绪去进行教学。其实有很多次，我与学生谈话后才发现原来自己的很多想法是错误的，有时甚至错怪了学生。当然，也有些学生可能会提出一些令老师不太舒服的批评，但这也恰恰能让人进步。

四、教学语言从"书面化"到"生活化"

教学的第一年，特别是在开始的一两个月，我遇到的一个最大的问题是，不管我上课思路多么清晰，我还是看到学生上课时眼睛不是看着黑板，也不是在认真地看课本，不知道在想什么。那段时间，我去听了一些有经验的教师上同样内容的课，用的是和我基本相同的课件，内容安排的顺序都相差不多，但我发现，学生听课的情况很不一样。课堂上，学生的思路总会跟着老师走。后来在看相声节目时得到启示：同样一个相声的剧本，哪怕是同样意思的一句话，在我们普通人的口中说出来和在著名相声演员的口中说出来，效果肯定是不一样的。同样的道理，相同的教学设计，面对相同的学生，不同的老师去讲，肯定也会有不同的教学效果，导致这种差别的一个很重要的原因就是课堂用语。富有艺术、生动的语言才能让学生更喜欢你的课。生动的语言，不是书面化的，是很自然地说出来的，让学生听起来感觉是平等的交流，会有亲切感。例如，把汽车转弯速度过大时会做离心运动说成汽车转弯速度过大会打滑（会漂移），使语言更生活化。有时在讲解时故意出一点错误，然后假装不知所措，反过来向学生"求救"，更能引起学生的共鸣和激发学生的斗志，使学生的注意力马上集中到问题上，从而进行思考。教学过程中，不用很刻意地去想一些自己认为很华丽、很幽默的语言，因为学生的理解能力和自己的理解能力是不同的。真情流露的、简单的、自然的才是最美的。

做一位思考型的教师

潮州市高级中学　段　红

从事高中物理教学工作12年，我越来越深刻地体会到教师的发展是教师实现人生价值的过程，是教师在充分认识教育意义的基础上，不断提升精神追求，增强职业道德，掌握教育规律，拓展学科知识，强化专业技能和提高教育教学水平的过程。那么，如何强化专业技能和提高教育教学水平并以这一核心去演绎自己的人生价值呢？这一直是我思考的问题。为了使自己在各方面得到更大的提高，更好地提升自己的能力，特制订个人的专业发展计划。

一、自我认识

自2006年大学毕业踏上工作岗位，我一直工作在教学第一线上，能一以贯之并认真负责地完成本职工作，做到忠于教育事业，热爱教育事业，工作中不断精益求精。在十二年的课堂教学实践中，我熟悉了高中物理的教学特点，积累了一定的教学经验，具备了较强的课堂调控能力，但也缺乏系统的理论学习和专业的培训，在理论学习和教科研方面发展得不够，没有很好地把实际教学和科研有机地结合起来，在科研方面做得较为欠缺。

二、专业发展目标

我要学习先进的教育理念，结合教学工作，以提高自己的专业理论素养和专业实践能力，向骨干型教师方向发展。加强自身的学习，为教师的专业化成长提供支持与帮助。树立终身学习的理念。终身学习是教师专业化的必由之路。教师终身学习应具备五种能力：学习能力、教育科研能力、适应现代教学能力、研究学生能力、自我调控能力。自己要在这些方面多下功夫。

在推进课程改革的过程中，学校为教师创造了良好的学习环境与优质的培训资源。我要利用一切可学习的机会，多向他人学习，多与他人交流，不断学习提升自己。积极参加教研组、备课组内的相互听课活动，保持开放的态度，加强与同行的沟通，学会与他人分享教学心得，并充分利用广东省中山市华琳名师工作室这个平台，向先进地区、先进学校和先进教师学习。理论的学习，交流的碰撞能更好地认识自己，反思自己，改变自己，明确自己的责任和角色，懂得把专家名师的理念变成课堂的实践。读书学习是知识分子的显著特征，在学习中创新是教师的职业需要。因此，在教师专业化发展的过程中，我要时刻关注自己的学习，逐渐养成热爱读书、热爱学习的习惯，使自己处在知识发展和更新的前沿，处在教学改革的前沿，保持自己的职业青春，使自己的劳动成为活水之源，永不枯竭，时时更新。

我要从国家的需要出发，培养出国家需要的人才，关爱每名学生，关注学生的长远发展。对每名学生负责，立足于课堂，注意自己的言行仪表，热爱育人的事业，规范自己的行为，提高自身的素质，引导学生形成良好的思想品德和高尚的人格修养，为学校、社会的教育事业尽一份力。用心灵去教育学生，用情感去感动学生。教育学生不能只用规范和惩罚，更重要的是情感教育。遇到问题应给他们讲道理，分析问题的原因，教他们用道德来衡量事情的对错。"学高为师，身正为范"。教育最重要的是育人，在教书时育人，在育人中教书，而且要有一套艺术，在"润物细无声"中让学生受到潜移默化的爱。关心和热爱每一个学生，关注每一个孩子的点滴成长，尽自己最大的努力满足孩子发展的需求，树立起"一切为孩子"的崇高思想，并在日常生活中时刻提醒自己，加强自身修养，以身作则，努力形成自己良好的个人修养。有坚持、有毅力、有爱心，真心真诚对待自己的学生。

三、发展措施

1. 继续研究高效的课堂教学

兴趣是学习的前提，学生对学科感兴趣了才能更用心地去学习，而我个人认为兴趣更多来源于教师的人格魅力。我们的课堂无非由两部分构成，无声的教育和有声的课堂。其中无声的教育就是教师的人格魅力的影响。所以我要将这部分作为我一直努力的目标，不断提升自身的人格魅力。

2.学习多媒体信息技术，制作高质量的课件和微课

电脑现已被运用到各行各业中，电脑的运用大大推动了社会的发展，使工作效率不断提高。21世纪的教育工作者应具备最先进的教育理念及驾驭课堂的能力，向45分钟要质量。因而制作一些分散教材难点、突出重点的生动课件和微课并加以使用，无疑能够起到很好的教学作用。上好每一节课，提升课堂教学能力。认真备课，是上好一堂课的基础；临场发挥，是教师自身素质的体现；认真反思，是把课上得更好的必要条件；认真钻研，是上好一堂课的关键所在。特别要及时写教学反思，反思自己在课堂教学和研究中存在的问题。

3.多学习，提高自身技能

坚持每周多听课、评课，多向组内教师学习，每学期举行一次校级公开课，积极参与教育教学活动以及论文、教学设计比赛等，充分利用名师工作室的平台和校内外的培训，更新教育教学理念，提升教学技能。

4.多阅读，提高专业素养

坚持每天阅读专业书籍，加强教育教学理论知识和实践的学习，提高专业素养。不管工作有多繁忙，每天抽出一定的时间，坚持阅读专业书籍，一点一滴地积累专业知识。加强自身理论与专业方面的学习——知识可以丰富我们的头脑，丰富我们的精神世界。只有教师自己的头脑变得灵活与睿智，才能真正成长为不辱使命和富有历史责任感的优秀教师。在学习中成长，在成长中学习，精读书籍，积极反思，做好读书笔记，使知识不断积累，思想与时俱进，使自己的素养不断提高。用先进的教育思想、教育理念武装自己的头脑，并把所学理论运用到实践中，指导教育教学活动。摘录自学笔记并写相应的反思，争取坚持写教育教学随笔，养成及时反思和勤于积累的习惯，做到专业引领，注重实效。

5.将实际教学和科研有机结合

每学期阅读一部教育理论专著，及时了解新的教育教学理念，做好相关学习笔记，认真做好每个学期的自身课题研究，确定自身教科研的发展方向。积极参与学校"十三五"课题的研究工作，将实际教学和科研有机地结合起来。

　　教师的发展离不开讲台，教师的发展根植于自身的教育教学实践，逐渐学会以教促学，在教中发现学的问题，不断思考，并以此为立足点，开展教育教学研究，将实践中遇到的问题进行升华，将理论中学到的知识予以深化，让自己成为一位思考型的教师。

在工作中学习，在学习中成长

潮州市饶平县第二中学　钟勇龙

　　岁月飞逝，回首过往，竟已在教育这个行业里耕耘了20多个年头。在每一个与学生为伍的日子里，看着一双双对知识渴望的眼睛，我都能感受到教学的喜悦，心中总是装着满满的快乐，我把自己的那一份愉悦、那一颗爱心、那一种执着，无私地与学生分享。所以，我有着教师们共有的豁达的心境，用我的真心、真情从事着阳光下最为纯洁、灿烂的事业。

　　本人于1997年7月毕业于华南师范大学物理系，毕业后被分配到潮州市饶平县第二中学任高中物理教师。2003年12月，被评为中学物理一级教师；2010年12月，被评为中学物理高级教师。回顾自己的教学之路，我深深地感受到个人成长离不开自信、钻研、毅力，更离不开学校环境和教师群体所形成的强大的精神后盾。前辈的帮助给自己的教学奠定了坚实的基础。每当我遇到教学上的难题时，同事都会给予我帮助，学校就是我成长的摇篮！

　　一个人的发展是分阶段，有轨迹的，若要有一个提升，就需要不断地寻求自我超越的平台，而理论学习是超越的翼翅，理论学习更是突破瓶颈的良方。为了让自己的课设计得有新意、有内涵，我潜心研究教育教学理论。我一改以往只看教学设计的做法，开始细细阅读专家文章。我突然发现，原来物理教学还有那么多的讲究，还有那么多的规律，做一个教师还需要那么多的底蕴，实际上我连"登山"的路径都没有找到，何谈"一览众山小"啊！我越想越怕，越读越急，反而有了"独上高楼，望尽天涯路"的感觉。

　　于是我积极参加各种学习，不断地充实自我，使自己的教学能力不断提高。同时在教学上虚心求教，有疑必问，积极请教其他教师；同时，多听其他教师的课，做到边听边记，学习别人的优点，弥补自己的不足，并常常邀请其他教师来听课，征求他们的意见，改进自己的工作，博采众长，提高教学水平。一次次的帮助，一次次的顿悟，突破自我，完成飞越。我始终坚信，没有理论支持的教学实践永远是苍白无力的。

辛勤劳动终于换来了收获：2005年11月，我参加县青年教师教学观摩比赛，获高中组物理科一等奖（第一名）；2005年12月，参加市青年教师教学观摩比赛，获高中组物理科一等奖（第一名）；2006年2月，荣获饶平二中"李家齐教学先进奖"；论文《让学生在物理的天空自由飞翔》获县一等奖、市二等奖、省三等奖，论文《物理探究式教学的探索》获得潮州市二等奖；在2007年高考，获得潮州市重点中学文基平均分第一名、理基平均分第二名，辅导学生郑煜、杜恩杰分别取得文基150分、148分，分别获得潮州市文基第一名和第二名。2013年高考，获得了潮州市重点中学理综（物理）科第一名。2018年，在教育局公开遴选考试中，考上县教育局教研室物理教研员；论文《拨开云雾见天日——核心素养下高一物理教学的探索》获得潮州市一等奖；同年5月被韩山师范学院聘为兼职副教授。

通过实践，我深深地感到集体研修是教师成长的另外一个重要条件。我觉得自己的每一次成功都是集体智慧的结晶。我是深深植根于集体的土壤里，才取得了今天的成绩。每次有教师参加教学研讨课，都会在集体备课的基础上，进行多轮试教，一遍遍修改教案，调整教师的状态，直至满意为止。在新课程实施的几年里，我们秉承了教学传统，充分发挥同伴互助的作用。我个人认为，磨课是一种比较好的让人成长的方法。在教师的成长过程中，公开课的反复斟酌，让每个人都受益匪浅。2018年10月，我有幸参加了广东省中山市华琳名师工作室。在工作室，我更加注重教学实践的交流与反思，珍惜每次与各地名师交流的机会，通过学习，不断完善自我。每一次听课，我都十分珍惜，通过一系列的听课、学习活动，我都感到收获满满。和老师们在一起共同研究，交流各自的见解，从而探究出解决问题的方法，并把它升华为自己的教育经验，为我所用。

在实践的基础上，在刻苦学习与积极反思的过程中，我不断地学习他人的长处，以克服自己的缺点。教学不能仅停留在模仿这一层次。"教育是事业，事业的意义在于奉献；教育是科学，科学的价值在于求真；教育是艺术，艺术的生命在于创新。"这三句话也是我一直努力追求的。其中，第三句又显得更为重要，一个教师必须对自己的工作有所创新。如何更好地设计课堂教学并个性化地加以创新，努力形成符合自身特点的课堂教学风格，从经验型教师向经验理论型教师转变，这正是自己以后要努力的方向。

今后，我将更加努力学习，积极研修，使自己在教育教学专业发展的道路上羽翼更加丰满！希望能使自己破茧成蝶，在教育的天空中展翅飞翔。

教学相长，教无止境

中山市第一中学 许旭旭

没有反思和计划的生活是盲目的，停滞的知识迟早会被淘汰。现今世界，竞争日趋激烈，尤其是人才竞争尤为突出，这股强劲的竞争之风伴随着教育改革席卷校园。本来在普通人眼中的"铁饭碗"职业——教师，也面临着各种挑战和竞争，不求自我发展，停滞不前的教师将会自动被淘汰。结合学校的教师专业发展规划，现简单介绍自己近年来的成长史，以作鞭策。

一、现状分析

不知不觉，从大学毕业进入中学已经9年时间了，在这9年中，我从各方面学到了许多知识和经验，从一个对课堂教学只有理论知识的大学毕业生渐渐地磨炼成了一个能够比较好地掌控课堂教学的物理专业教师。同时，这几年中自己能感觉到自己的进步，责任心一学期比一学期强，但我也清醒地认识到自己的进步很多来自学校给我的压力，这是一种被动的进步，在主动性上我没有给自己压力。仔细分析了一下自己的现状，罗列如下：对于教科研方面，我有探讨研究的积极性，教科研能力较好；课堂教学能力虽有所进步，但还有巨大的发展空间；在教学方法手段上追求新意；组织教学的能力有待加强；在教育方面，方法和手段要多样化。

二、个人发展目标

1. 师德方面

本人坚决拥护党的领导，热爱祖国，热爱教育事业，遵守学校规章制度，规范自己的行为，提高自身的素质。立足于课堂，注意自己的言行仪表，关爱每个学生，一切为了学生，为了学生的一切，关注学生的长远发展。热爱本职工作，对每名学生负责，引导学生形成良好的思想品德和高尚的人格修养，甘为孺子牛，乐于替人作嫁衣。无悔太阳底下的这份最崇高的事业，为学校、为社会的教育事业添光彩。

2. 教育教学能力方面

教师的任务不仅要使学生掌握科学知识、形成技能，培养和发展学生的智力和体力，而且要使学生养成文明的行为，良好的习惯，并具有高尚的情操，坚强的意志。这就要求教师不断提高自身的教育才能。

在能力方面，我要求自己努力做到以下几点。

（1）教育感染力

用心灵去教育学生，用情感去感动学生。教育学生不能只用规范和惩罚，我主张的是情感教育。经常给他们讲道理，分析问题的原因，教他们用道德来衡量事情的对错。

（2）因材施教的能力

不管是学习上还是品德上，学生与学生之间总有差异。每名学生都是拼图上的一块，少了任何一个都不完整，不完美。因此，我应该把我的心，我的精力合理分配，能慧眼识英雄，看到他们的长处，给予适当的鼓励和支持，培养他们的凝聚力，使他们心往一处想，劲往一处使。

（3）完善课堂教学的能力

认真备课是上好一堂课的基础；临场发挥是教师自身素质的体现；认真反思是把课上得更好的必要条件；认真钻研是上好每一堂课的关键所在。做好这些，让我的课更精彩，能吸引学生，并与众不同。

3. 教科研能力方面

一方面，要积极努力学习关于自己专业的教学理论知识，并能运用在自己的教学中，及时进行反思及知识重建。工作中要不断阅读有关教学理论的书籍，不断提高自己。平时也要不断补充其他方面的理论知识，丰富自己，做到多听、多看、多写。

另一方面，要积极主动地撰写论文，写出高质量的论文，做到每年至少能有一篇论文获奖或发表。

4. 信息技术方面

学习信息技术，制作较难的课件，使信息技术与新课程相整合是我的又一个发展规划。蓝图已经画好，能否造出高楼大厦还得靠以后的不断努力。为此我还必须做到以下几点。

（1）始终保持专业的情怀——激情

教育是一项需要献身的职业，也是一个充满爱心的职业。人们都把教师比喻成"人类灵魂的工程师""太阳底下最光辉的职业"，这无上的荣誉承载着多少人对我们教师的嘱托，同时也意味着我们的责任之重大。那么，要挑起这份重担，我们就需要有为之献身的激情。因为，热爱是最好的老师。只有对这份职业始终怀着一种激情，我们才能正视一切困难与挫折，才能承受一切委屈与压力，才能在这平凡而又伟大的人生道路上走得坚定而从容。

因而，教师要先有激情，而后激起学生的激情，从而最大限度地提高学生的课堂参与度，增强课堂实效性。苏霍姆林斯基说："有激情的课堂教学，能够使学生带着高涨的、激动的情绪从事学习和思考，对面前展示的事例感到惊奇甚至震惊，学生在学习中感受到自己的智慧和力量，体验到创造的欢乐，为人的智慧和意志的伟大而感到骄傲。"

（2）终身学习

首先，要有终身学习的决心和行动。如今的经济社会发展日新月异，知识在不断创新，知识更新换代的速度在加快，周期也在缩小。其次，要注重外语的学习和积累，时刻准备着迎接双语时代的到来。再次，还要每天多读书、看报，了解国内外的时事动态，保持鲜活的政治灵敏度，为自己的课注入源源不断地活水。最后，还要注重对教育理念的学习，不断地学习先进的教育理念，指导自己的教学实际，使自己少走弯路，更快地成长起来。因此，我给自己制订了目标：每年订一本专业期刊《物理教师》，每月看两本杂志，每天读一篇好文章。

（3）教学的创造性

教学的创造性体现在对教材的处理、编制和优化教法、富有个性的教学风格上。在以后的工作中，我将以这三方面为标准，努力形成自己的个性化教学风格。新课程要求教师要勇于创新、积累、总结和提高，不断地进行各种学习，得到专业化的发展。要符合上述要求，主要有以下几种方式：教学反思；

学习合作，追求双赢；树立终生学习的理念，与时俱进。

相信在未来的岁月里，在学校领导和同事的帮助以及我自身的努力下，我一定会得到更好的发展。"路曼曼其修远兮，吾将上下而求索。"不管这个过程是苦是甜，我都将努力在教育事业上做出自己的贡献。我爱教师这个职业，我愿意为此付出，我会在这条路上越走越好。

第二篇

同行互助

2

《基于同行互助的高中物理教师专业发展的实践研究》课题简介

课题名称：《基于同行互助的高中物理教师专业发展的实践研究》

主持人：中山市第一中学　华　琳

课题组成员：张建军　邱锦辉　钟　路　荣　斌　许旭旭　张杰伟

当前，多数物理教师忙于日常教学工作，而无暇做教育科研，导致专业发展缓慢甚至停滞，职业幸福感普遍不强。在此背景下，课题组经过详细调研和论证，决定以教师同行互助为途径，突破教师专业发展的瓶颈。

本课题从教师共同体的两个重要组成方式——校内共同体（备课组和学科组）和校际共同体（教师工作室）入手研究，历时5年多，以高中物理科组、备课组和广东省中山市华琳名师工作室为对象，获取了大量第一手资料，在探索教师专业发展的路上中获得了大量实践经验及有效措施。

一、备课组与科组模式下教师同行互助促进教师专业成长

课题组为了解决"物理备课组和科组内教师'各自为战'导致效率低下"的问题，在5年时间内采取了多种措施，探索出一条可复制的同行互助策略，有效地促进了教师的专业成长。具体的方法可以概括为以下五方面。

（一）创建资源共享库

在课题研究的过程中，为了减轻教师不必要的重复劳动，课题组首先创建了自己的资源共享库，这实质上解决了本学科的教育信息化应用问题；同时，在建立资源库的过程中，教师们逐渐形成了共享互助的意识，组建成一个团结协作、良性竞争的教师团队。

（二）落实"五环节"集体备课制度

通过合理组合、编写初案，集体研讨、修改完善，结合实际、取舍修改，课后反思、分析得失，编写练习、评价分析5个环节备课，使教师体验到同行互助对专业成长的帮助，形成备课组特有的备课文化。

（三）多维度听评课，促进教学研究

每位教师都被安排侧重于某一维度的听课，对课堂的每一个环节做到全程跟踪记录，发现问题，及时提出解决方案，促使教师必须对每一节课精耕细作，做最充分的准备，让课堂变得充实和高效。

（四）"走出去，请进来"

仅局限在科组和备课组内，视角难免狭隘，通过"走出去，请进来"的方式不断更新教师的教育教学观念，扩大了同行互助的边界。

（五）师徒结对，促进教师专业发展

以上四点均是一种临时性的同行互助，作为补充，师徒结对能长时间、

一对一实现同伴互助，也正是通过师徒结对，课题组成员迅速成长。

正因为科组倡导同行互助，中山市第一中学物理教研组获得广东省优秀教研组一等奖。课题研究期间，课题组的青年教师中2人获得省级荣誉称号，8人获得市级荣誉，1人获得"中学物理青年教师教学改革创新大赛"广东省一等奖。这充分证明这些措施能有效地促进教师专业的发展。

二、工作室模式下教师同行互助促进教师专业成长

课题以广东省中山市华琳名师工作室为依托，摸索出一种名师工作室的运行模式。通过研究比对名师工作室学员的专业成长变化，确认该模式有效地促进了教师的专业发展。该模式可以概括为以下几个方面。

（一）专家引领

名师工作室最宝贵的资源就是名师。为发挥名师的引领示范作用，工作室开设了名师课堂示范和专家讲座以及专家听评课三类理论结合实际的课程，满足学员专业发展的需求。

（二）同伴互助

工作室的学员来自不同的学校，拥有不同的文化和习惯，也构成了一个重要的学习共同体。通过集体备课、同课异构、说课评课、案例分析等活动对教师的课堂教学进行诊断与提升，再以名师示范、专题讲座、学员交流的形式，提升教师教学认知，最终实现教师在教学技能上的成长。

（三）自我反思

工作室要求学员完成一系列文字材料：教学随笔、跟岗日志等，一方面深化了学员的感悟，另一方面积累了科研素材。名师再根据自身经验与理论优势，指导学员撰写论文，最后利用工作室的平台优势——充分与校内外行政部门、市教研室交流，鼓励学员逐级发表论文，提升信心，促进了教师的专业发展。

（四）名师工作室网络平台的搭建

考虑到工作室后期，学员对远程学习、跨校、跨区协作的要求，工作室搭建了网络平台，教师可以随时随地进行信息的交流与沟通，指导也可以更加方便、灵活、快捷。这样有利于提升教师共同学习的效果，真正达到"共享智慧，共同发展"的目的。

　　教师专业发展的途径不是唯一的，同行互助是有效途径之一。课题的研究提高了教师的科研水平和能力，形成了教师的分享文化。教师之间不再是"文人相轻"，而是同伴互助，教学相长。教师幸福感增强，师生关系更加和谐，学生学习兴趣和成绩普遍提高。本课题摸索出来的科组与备课组内的教师同行互助策略具有可操作性，可复制性。对于其他学校建立健全教师专业发展策略有借鉴作用；工作室开设的"课堂诊断提升"与"教科研指导"相结合的课程满足学员的需求，有效地促进了一线教师的专业发展，具有可操作性强，可复制性高的现实意义。

《基于同行互助的高中物理教师专业发展的实践研究》结题报告

主持人：中山市第一中学　华　琳

课题组成员：张建军　邱锦辉　钟　路　荣　斌　许旭旭　张杰伟

一、课题研究的背景

教师的专业发展水平如何直接关系到教育的质量。教师专业发展成为国外和国内共同关注的重要课题。基于主持人先期的研究，如"开发高中物理新课程资源，促进教师专业成长"（2009年结题）、"基于教学实践的高中物理教师专业发展的研究"（2011年结题），本课题组发现高中物理教师专业发展现状令人担忧。一方面，日常教学中，教师间竞争激烈，各自为政、疲于应付，集体备课也仅局限于核对教学进度，教师间缺乏必要的合作互助，影响了教师的专业发展。另一方面，传统的教师专业成长方式，如职前的师范教育和职后的上级主管部门组织的教师培训，难以有效调动教师的积极性，收效甚微。并且，这种现象随着近年来学校规模的扩大和大量青年教师的加入愈加明显。无论青年教师还是老教师，都渴望得到专业的成长，但是却缺乏有效的方式。当前教育改革要求教师改变传统的工作方式与传统的专业成长方式，从孤立走向合作。教师同行互助成为教师专业发展研究的重要内容。

课题在第一次由于主持人华琳老师的身体原因延期后，广东省中山市华琳名师工作室两批次省骨干教师跟岗培训学员顺利结业，大多数学员通过共同学习、相互砥砺，在课题研究、课堂教学等专业方面都取得了明显进步，甚至发生了蜕变，激发了主持人华琳老师对"同行互助"这一主题的深入思考。原课题组成员龙亦兵、叶志辉老师因为工作原因退出课题组，经过慎重筛选，补充荣斌、许旭旭、邱锦辉、张建军、张杰伟共5位教师组成了"1+6"课题研究小组，华琳老师任主持人。课题主持人华琳老师是广东省基础教育课程资源研发中心高中物理教材编写组成员、中山市高中物理中心教研组成员，著有各类著作；钟路老师一直是华琳名师工作室成员，并参与华琳老师主持的"基于教学实践的高中物理教师专业发展的研究"的课题；荣斌老师信息技术水平比较高，多媒体应用能力强；张建军、许旭旭、邱锦辉和张杰伟4位教师是硕士研究生学历，专业基础扎实，专业发展欲望强。课题组的研究实践能力不断增强，经过反复研究，工作室决定增加以广东省中山市华琳名师工作室为研究实践平台的"名师工作室助力教师专业发展"的专题研究内容。

对教师同行互助与教师专业成长关系的实践研究主要是为了从理论与实践的层面探讨新课程改革过程中，同行互助对于教师的专业成长、学校管理的改善、学生学业水平及学校教育教学质量提高的重要作用。本课题的研究对高中新课程实施过程中如何促进教师专业发展有着现实意义和较高的研究价值。

二、课题研究的意义

（一）本课题的研究对于解决目前学校以及校际的教师专业发展有重要的指导作用

一方面，对于学校而言，教师的培训主要面临三大难题：第一个难题是如何让新招聘的教学新手快速熟悉、掌握教学业务，掌握教学技能。第二个难题是已初步站稳教坛的中青年教师往往处于教学瓶颈期，而此时如果家庭、婚姻、二孩、收入等具体问题无法回避，如何帮助中青年教师突破瓶颈，成长为卓越的名师。第三个难题是如何让经验丰富的老教师适应现代化教育手段和新的课程标准。若能解决好这些问题，学校的师资队伍必然有不可想象的强大的战斗力。与"教师专业发展"的理论研究相比，"教师专业发展"的实践研究显得相当薄弱，对影响专业发展因素的研究比较多，而有针对性地提出对策并在教学实践中去践行的却很少，研究关于具体学科的教师教学专业发展的更是凤毛麟角。

另一方面，对校际的教师的合作，由于缺乏有效的整合机制，校际的优秀教育资源、教育经验往往很难得到利用与推广。而学校发展的难题正是源于优质师资的稀缺与日益增长的优质教育需求之间的矛盾，而以何种方式生成优质师资并促进教师专业发展则成为一个重要问题。本课题关于"工作室模式下教师同行互助促进教师专业成长"的研究能为解决这个难题提供了一种有效的实践模式——发挥"名师"的带动作用，以成长共同体的方式整合校际的优质资源，不断促进优秀教师的形成。

（二）从理论上，本研究对丰富教师专业发展的理论建设有启示意义

国外学者对教师工作方式、教师文化及合作的重要性和合作实践形式颇有研究，为本课题的研究提供了一定的理论支持，有一定的借鉴意义。然而，教师合作毕竟是现实问题，涉及具体的国情、校情、师资情况等，在对现状及对策研究上，我们更需要从本国的已有研究出发。虽然国内对教师合作的现状、合作的途径都有所探讨，但多是站在推动课程改革、提高教学质量、改进教学方法、实现集体利益和目标的角度上提出的。然而，针对教师个人在互相合作中专业知识、专业技能、专业道德等方面发展的影响仍需做进一步研究。

（三）研究的实践价值

从实践的角度讲，本研究对于促进教育改革，发挥同行互助在教师专业发展中的作用具有重要的实践价值。本研究坚持"从实践中来，到实践中去""一切来源于实践，一切又回归实践"的基本原则。本研究以中山市第一中学物理科组、各年级物理备课组和广东省中山市华琳名师工作室为依托，通过研究参加校内科组和备课组和名师工作室中教师的专业成长变化、现状与问题，研究"同行互助促进教师专业发展"的有效运行机制及在教师专业发展中的实际问题。本研究具有鲜明的实践特征，从而为提高教师教育发展水平提供了借鉴和启示。

三、课题研究的界定

（一）概念界定

教师专业发展是指教师个体在其职业生涯中，依托专业组织，通过终身专业训练与学习，习得学科和教育专业知识与技能，实现自我专业化，养成专业道德，不断提升专业能力的过程。

教师共同体是中山市第一中学专业性团体，是在学校推动下或者在教师自发组织下，基于教师共同的目标和兴趣自愿组织的，旨在通过合作对话与分享性活动促进教师专业成长，推进教学改革的团体组织。教师共同体具有实践性、研究性、合作性和开放性的特点，并为教师专业发展提供了精神家园，成为教师教学、研究和学习三合一的专业生活方式的载体。

教师同行互助是指教师结成伙伴关系，在一起工作，通过共同阅读与讨论、示范教学、课例研究，特别是通过系统的观察与反馈等形式，学习并彼此分享新的知识，改进教学策略，进而提高教学质量，并促进自身的专业发展。

（二）教育理论

1. 反思性教学理论

反思能力的含义是指教师在职业活动中，把自我作为意识的对象，以及"在教学过程中，将教学活动本身作为意识的对象，不断地对自我及教学进行积极、主动的计划、检查、评价、反馈、控制和调节的能力"。这种能力主要分为两大部分：一是自我监控能力，就是对专业的自我观察、判断、评价、设计的能力；二是教学监控能力，就是对教学活动的内容、对象和过程进行计划、安排、评价、反馈、调节的能力。

2. 有效教学理念与策略

有效教学理念是本课题的核心理念。本课题研究的核心问题就是提高教师课堂教学行为的有效性，即什么样的教学是有效的？所谓有效，主要是指在一段时间的教学之后，学生有无进步或发展。我们开展课题研究的宗旨就是提高教师的课堂教学水平，培养教师实施有效教学行为的能力。

3. 情境学习理论

情境学习理论认为，学习是一个社会群体间协商的互动过程，以学习为核心活动建构起一个具有特殊性的实践共同体。实践共同体并非是一种因某一项目而临时凑在一起的松散团队，而是一个没有社会角色限制，自发形成的非正式组织。其成员有共同愿景，乐于分享经验，追求共同的事业，能够在目标明确、意义清晰的基础上，通过协商来确定其需要进行的共同学习或共同实践的目标。名师工作室是在中小学特殊的情境下所开展的，关注这一情境的构成因素以及这些因素之间的内在联系，尤其注意这一情境是如何促进名师工作室成员学习的等具体问题。因此，本研究的一个重要理论基础便是情境学习理论。

4. 学习型组织理论

美国学者彼得·圣吉（Peter M. Senge）在《第五项修炼》一书中提出学习型组织管理观念，其含义为面临变化剧烈的外在环境，组织应力求精简、扁平化、弹性应对、终身学习、不断自我组织再造，以维持竞争力。名师工作室是一个典型的学习型组织，是学习型组织理论在基础教育领域的重要实践。因此，进行名师工作室研究离不开对学习型组织理论的引介、分析与反思。学习型组织理论也成为名师工作室研究的重要理论基础。

四、课题研究的目标

目标一是探索如何通过备课组和科组间教师的有效合作和互助模式，促进教师的专业成长，提出可操作的、高效的校内教师同行互助策略。

目标二是探索工作室模式下教师同行互助促进专业发展的途径，健全教师专业发展的理论体系。

目标三是构建形成一个内容丰富、结构完整、功能多样的共享资源库系统。

目标四是搭建一个共同学习和提高教师专业技能成长的平台（网络工作室）。

目标五是通过本课题的研究，撰写实验报告、编辑论文、制作优秀课件集锦等。

五、课题研究的内容

本课题站在高中物理教师的角度，探究同行互助在实现教师专业发展方面的作用及其实践策略。拟从教师共同体的两个重要组成方式——校内共同体（备课组和科组）和校际联合体（教师工作室）入手探究。

（一）备课组与科组模式下教师同行互助促进教师专业成长

在同一学校内，我们探究如何通过备课组和科组间教师的有效合作和互助模式，促进教师的专业成长，试图摸索出一条可操作的、高效的校内教师同行互助策略。该部分研究内容主要包含以下几个方面：

第一方面是"五环节"互助式集体备课。

第二方面是互助式听评课。

第三方面是师徒结对子、教师一帮一。

第四方面是学科组资源共享，教师交流互助。

（二）工作室模式下教师同行互助促进教师专业成长

在校际，我们试图打破同一所学校的教师个人文化的潜在障碍，充分整合校际的资源，探究工作室模式下，如何通过同行互助，实现教师教学技能和教研技能的高效提升。并且本课题以广东省中山市华琳名师工作室为依托，通过研究参加名师工作室中教师的专业成长变化、现状与问题，研究名师工作室的运行模式及在教师专业发展中的实践作用，并搭建一个共同学习和提高教师专业技能的平台（网络工作室）。该部分研究内容主要包含以下几个方面：

第一方面是工作室平台的组织形式与搭建。

第二方面工作室模式下教师教学、教研技能的成长。

第三方面名师工作室网络平台的搭建。

六、课题研究的方法

本课题采取的研究方法主要有以下几种。

（一）问卷调查方法

问卷调查主要用于调查新课程实施对教师专业发展的要求，以及专业发展现状的相关内容。

（二）访谈方法

访谈方法主要用于研究新课程实施的过程中学生对教师的专业发展的要求。

（三）文献资料分析

文献资料主要是国内外有关的论著资料，其中包括对一些调查报告的分析。

（四）信息采集

信息采集的内容包括教师处理教材各栏目的方法、教案、课件，备课组讨论的记录，辅导材料，评价资料，教师的课后心得等。

（五）教师课堂观察

观察教师课堂行为，分析教师专业发展与新课程实施的互动。

（六）行动研究法

在教师自身的专业发展、校本促进、教师培训等方面采取措施，分析其对教师专业发展的促进作用。

七、课题研究的步骤

（一）第一阶段：课题研究的准备阶段（2012年1月—6月）

一是分解课题，制定研究细则，落实人员的分工。

二是组织课题组教师学习课题研究的方法，深入研究新课改的文件精神和新课程体系。

（二）第二阶段：课题研究的实施阶段（2012年7月—2016年7月）

一是制作调查或访谈问卷，分头行动合作完成并汇总。

二是深入研究调查或访谈问卷的汇总结果，形成调研报告。

三是学习高中物理听评课理论，开展听评课活动研究。

四是深入研究校内同行互助促进教师专业化发展的途径，并加以推广。

（三）第三阶段：课题研究的总结、拓展和延伸阶段（2016年8月—12月）

一是对课题科学地分析和归纳，整理汇编各种研究资料和原始材料，为课题结题做准备。

二是总结提炼课题研究成果，撰写课题研究报告，申请结题。

八、课题研究的过程

在2012年11月至2016年7月期间，我们做了两大方面的研究工作，分别是"备课组与科组模式下教师同行互助促进教师专业成长"和"工作室模式下教师同行互助促进教师专业成长"。

（一）备课组与科组模式下同行互助促进专业成长

1."五环节"互助式集体备课促进专业成长

个人的成长离不开集体的土壤。备课组、科组的凝聚力及与之相关的教师满意度，有赖于教师间的教学知识互动。教师同伴间的教学知识互动是中小学教学团队效能的重要标志。教师能不能有福同享，有难同当，是判断备课组有没有成效的关键。

　　备课是教师个体和备课组最基本的教学活动，有效备课是高效课堂教学的前提。很多教学理论对备课的研究总是停留在教师个体的层面，许多理论解释与建议也都是针对教师个体如何去"备课""备好课"的。本课题组倡导实行的"五环节"互助式集体备课能有效克服"一个人备一节课"的弊端。备课活动不再是"中心发言人"的一言堂，备课组内各个教师集思广益、发挥各自优势、取长补短，资源共享，共求专业发展，让整个科组充满了和谐共进的气氛。

　　（1）"五环节"互助式集体备课的基本流程

　　"五环节"集体备课模式就是备课组教师集体备课活动具体运作的五个基本环节：①合理组合、任务分工、编写初案；②集体研讨、修改完善、成果共享；③结合实际、取舍修改、优化设计；④课后反思、分析得失、改进提高；⑤编写练习、命制试卷、评价分析。具体情况如图1所示。

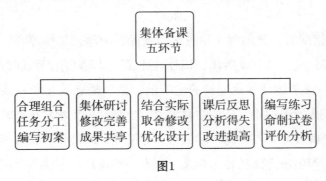

图1

　　（2）"五环节"互助式集体备课的实施方案

　　① 在学期开始阶段，分布在各备课组的课题组成员辅助备课组长根据教学计划安排好各环节责任人。具体情况见表1。

表1

周数	时间	备课内容	各环节责任教师		活动内容	完成度评价
1		《机械运动》	教案与课件设计	（两位）	（经历预案、集体研讨、优化前三个环节）	
			备课反思		（第四环节）	
			反馈练习与试卷		（第五环节）	

② 备课活动中，重视各备课环节的评价工作，推动互助式集体备课"五环节"的有序进行。

③ 学期末，课题组成员辅助完成备课组成员的备课组评价。

④ 课题组成员要做好文档的收集、整理和保存工作。

2. 互助式听评课促进专业成长

课题组对学科组28位物理教师的听评课需求进行调查，结果如图2所示。

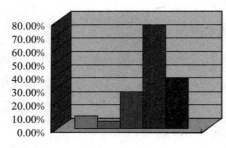

图2

从图2的情况看，教师对于通过集体备课、听课，集体评课、研究改进的评课方式更能接受。"互助听课，切片式评课"是课题组开展同行互助的一大特色活动。课堂是教师专业成长的主阵地，是教师展示才华收获成功的大舞台，是学生汲取营养取得突破的主要渠道，也是学校教学质量和教学成功的生命线。所以教师要对每一节课精耕细作，做最充分的准备。长时间的备课使课堂充实高效，但给听评课的教师带来了压力，很难在一节课的时间内全盘接受授课教师带来的丰富信息。多数听评课教师做不到全面、细致而深刻的观察，因此，课题组提出用"互助听课，切片式评课"的方式来解决这一实际问题。从课堂的每一个环节出发，做到全程跟踪记录，发现课堂中存在的各种问题，及时提出解决方案，在同行之间形成共识，从而优化教学方法。

以下是课题组实施互助式听评课的具体方法：

（1）对课堂教学过程进行多维度、切片式分析诊断，制作教师听课、评课记录表，见表2。

表2

课程名称			授课老师	
评课地点			授课时间	
听评课人				
听课维度与记录	引入与过渡			
	教学环节时间分配			
	教学内容分析			
	教学方法应用			
	学生课堂情况			
	教学有效性反馈			
当前维度评价				
听课反思以及困惑				

（2）积极开展各种类型公开课的听评课研究。每一学期都有的各种类型的公开课，如青年教师汇报课、优质课和同课异构等都是课题组成员进行互助式听评课的活动对象。授课教师要么经验丰富，要么富于创新，进行了长时间的精心准备，使这些课的"营养价值"特别高。课题主持人华琳老师要求课题组成员要积极参加这些学科公开课，一节都不能落下。课题组成员通过对这些课堂教学过程进行多维度观察、切片式诊断，收获巨大，开阔了视野，感悟到了新的教学理念和教学方法，把一些好的经验、做法带入到自己的课堂教学中。

主持人华琳老师还倡导听评课要"走出去、请进来"。提高教学质量和专业水平从来都不是一件"闭门造车"的事情。每个学期，华琳老师都要组织课题组成员集体外出听评课或邀请外校同行进行同课异构活动，了解其他学校的备课和教学情况，学习别人的经验和做法。例如，在课题组和江苏南菁高级中学的陈老师进行的《万有引力定律的应用》同课异构活动中，课题组成员对本节课的多维度诊断和评价细致全面、举证翔实，受到听课专家和教师的高度评价。

（3）积极开展与互助式听评课相关的教学研究。

① 研究教师的角色反思与专业成长。在我国新一轮基础教育课程改革的

背景下，教师的角色、地位被置于前所未有的突出地位。教师角色的转换不仅意味着教师的作用发生了实质性的改变，同时也意味着学校功能的变化。因此，教师应站在改革的前列，重新反思与审视自己的角色，以适应我国教育改革的需要。从授课教师所写的反思内容看，学会反思，学会学习，学会总结，对教师本身的专业成长有着重要的促进作用。下面介绍青年物理教师陈靖的几次教学反思。

《曲线运动》一节的教学设计及教学过程反思：

（1）变老师要教为学生要学。要求学生根据课题提出自己的问题，整节课围绕学生提出的问题进行，以解决学生提出的问题为线索，有效提高了学生的课堂参与率，同时也提高了学生学习的兴趣。

（2）让学生以主编的身份对第五章进行内容编排设计，这样使学生对第五章有一个整体的认识，从中也能获知物理学习的思维顺序是什么？（物理概念、规律）为什么？（物理研究方法）怎么样？（运用物理知识解决实际问题）

（3）让学生动手动脑地参与学习，设计了一个随堂小实验，对演示实验做了一定的修改，比如，演示曲线运动条件的实验时，斜槽改为用半圆槽，让学生同时能看到在半圆运动过程中小球是从切线处出来的，后受磁铁引力作用，导致小球做曲线运动。

② 从评课过程中研究教师的教学理念。教师的教学理念不是空中楼阁，也不是抽象存在的，它具体体现在教师的教学行为当中。关爱学生、尊重学生、以学生为本的理念会引导教师在言行举止中时时处处从学生的立场出发，考虑学生将怎样看、怎样想，从而选择有益于学生成长的教学态度与教学行为；相反，无视学生、淡漠学生、以自我为中心的态度会导致教师面对学生的各种要求无甚反应，面对学生受到的伤害无动于衷，从而造成师生情感的疏离和师生关系的对立。我们从教师的教学课堂中首先要研究教师日常行为背后所隐含的思想，教师的课堂教学中所蕴含的理念，以便为教师的行为寻求到理论的支撑，为教师的生活建构起思想的框架。以下是对优秀教师叶志辉老师上的《人造卫星宇宙速度》一课的评课稿。

两次听叶志辉老师的课，感觉相差太大了！

第一次听《人造卫星宇宙速度》，感觉课堂气氛很沉闷，学生无所适从，呆呆地坐在座位上，空留老师满腔热情，自导自演，而且到了下课铃响，课还没上完。原因是：教师在物理内容的渗透上太深，且要求学生在短短的几分钟内把一道中等难度的高考题解出来，但是在还没有讲一道例题的前提下，学生根本解不出来，这样只会使课堂冷场，教师也尴尬。本节课内容学生在日常生活中很少接触到，所以学生很难身临其境地认识该部分内容，理解上难度很大。只有老师多多讲解有关天体运动的常识，学生才能更加深入地理解书本知识并加以运用，求解出相关问题。

第二次听《人造卫星宇宙速度》，感觉很舒服，教师对课堂结构做了调整，把集体听评课时大家的意见备进教案中，一开始就提出问题：能否让抛出的物体不落地？这时学生十分活跃，议论纷纷：有的说，将物体上抛，初速度越大，上升的高度越高，当初速度大到一定的程度，物体就会飞到外太空，就不再回来了；有的说，由平抛运动规律可知，物体从越高的地方抛出，初速度越大，落地的水平距离越长，当初速度大到一定程度，物体就落不回地面了；还有的学生会进行反驳：落地的跨度长了，可地表就不是一个水平面了；也有的学生说，由匀速圆周运动可知，当重力正好提供它做圆周运动所需的向心力时，物体绕地球在圆形轨道上运动就不回地面了。通过思考和讨论，不但能加深学生对知识的理解和掌握，还能激发学生进行思考的动力。这节课，教师讲得少，学生悟得多，课堂是较成功的。

③ 从评课过程中研究教师的教学行为。教师的教学活动是丰富多彩、绚丽多姿的，而这点点滴滴的细节和事件就构筑起了教师充实的职业生涯和美妙的人生。我们从评课中看到教师在课堂中的教学行为就可以了解教师的个性特征，看到教师对教学内容的诠释就可以了解教师的知识基础，看到教师对教学方法的运用就可以了解教师的教育机制，看到教师的教学习惯就可以了解教师的教学风格。可以说，这种研究有助于教师更深刻地反思自己的教学行为，从而提升自己的认识，促进自己的专业发展。下面介绍《楞次定律》部分评课稿。

重视生活，物理来源于生活，做一个有心人，善于观察生活才是学好物理的关键。本节课教学中，龙老师首先拿一块糖靠近闭合的轻质铝环，铝环立即远离那块糖，多次实验，现象一致。然后龙老师提出疑问：为什么会产生这种奇怪的现象呢？当学生百思不得其解的时候，龙老师慢慢揭晓了谜底：原来用糖纸包住的是一块"假糖"，其实是一小块磁铁，学生顿时就被龙老师的

"开幕式"吸引住了。透过龙老师的课，我们看到了一节活生生的激情逆发的物理课。

问题的设计应善于开启学生的思维。课堂上，教师的作用是导，是启，是辅助的作用。当学生遇到困难时，有效的辅助，使之克服困难，开启思维，重新寻找到前进的道路。所以问题的设计要讲究艺术，也要符合学生实际，同时又能更好地引导学生理解文本，能较好地进行知识的拓展延伸。这就要求问题有提纲挈领的作用，又有缓坡度，能让学生有"柳暗花明又一村"的感觉。

从以上摘录的关于《楞次定律》的部分评课稿来看，该教师善于对课堂开放，对学生开放，由此营造出声情并茂的课堂。该教师生动活泼的教学风格已逐渐形成。

3. 师徒结对促进物理教师专业成长

（1）召开成员会议，启动结对子研究，接受教研室专家培训

由课题负责人华琳老师组织课题组成员认真学习研究方案，对课题的提出、理论依据、事实依据、国内外研究现状、概念的确定、研究的目标、研究的内容、研究的方法、研究的过程等进行了充分严谨的探讨交流，不断修改、完善课题研究方案，为保证课题研究任务的顺利完成打下了坚实的基础。

（2）开展师徒两方面培训，制订三年发展规划，激发教师专业发展的内驱力

在学校制订的培养计划的基础上，为了激发教师专业发展的内驱力，组织年轻教师制订了三年发展规划，引导年轻教师正确分析自身的优势与不足，确定自身的发展目标，制订切实可行的措施。由师父引领，让年轻教师尽快成长为骨干教师。要求师徒结对的教师相互学习，相互支持，共同进步，特别是在日常教学的各个环节要求精细化处理，不留死角。

（3）开展丰富多彩的活动，积极搭建交流平台，促进教师专业水平的提升

为了给教师提供展示自我、互相交流、互相学习的机会，学校定期开展校内外的交流活动，如定期开展的活动有教师基本功大赛、演讲比赛、板书比赛、读书分享会、科研成果交流会、"初为人师"演讲比赛、青年教师课堂大赛、青年教师解题能力大赛、骨干教师公开课、师徒同课异构、班主任技能大

赛、优质班会课、家长进课堂等活动。学校和课题组还经常邀请市内、省内，甚至全国的知名专家来学校进行讲学研讨活动，不断地给年轻教师创造良好的交流和学习氛围。

（4）撰写阶段总结，举办研究的阶段性成果汇报会

教研结合，紧紧围绕研究内容进行科学研究。我们根据研究方案，结合工作实践，采用边实践、边研究的工作方法，制订了《青蓝工程实施方案》，明确年轻教师专业发展的目标，制订切实可行的措施，逐步完善了教师的专业知识，制订出科学的评价原则和评价方法，探索出促进学校教师专业发展的新策略，建立了教师专业发展管理制度，逐步形成了民主、开放、有效的教师专业发展机制，充分发挥了教师专业发展的主体作用和主动精神，形成了"优秀教学论文、优秀课例、优秀教育故事、优秀反思、教师成长案例、教师专业发展过程成果"等阶段性成果。

（5）开展各种活动，探索师徒结对的有效途径

针对结对教师年轻好学基础好，心高手低不扎实，教学反思不及时的特点，结合学校的具体情况选择了激"情"、导"教"、促"思"这样一个基本途径，以此来促使新教师"一年站稳讲台、三年初露头角、五年成为骨干"的成长目标。

4. 资源共享促进专业成长

（1）同心协力共建资源库

① 在课题研究的准备阶段，对本学科教师进行了问卷调查，调查教师的专业发展阶段和影响因素，以及专业发展现状；调查教师运用信息技术的能力；调查教师教育教研和专业发展的资源需求。（见表3）

表3

职级	调查人数	学科资源需求类型（多选）				共享资源的意愿			信息技术水平	
		课件	视频	课例	试卷	强烈	一般	不愿	精通	一般
高级	12	10	2	2	6	5	6	1	0	5
中级	10	7	5	6	10	8	2		3	6
初级	6	6	3	1	4	6			4	2

通过调查，一方面对学科教师进行了初步动员，另一方面调查的结果也增强了我们进行本项课题研究的信心和决心。根据调查的统计结果，我们确立了以下建库策略：

策略一是以校园网为平台搭建共享资源库的整体框架，但以课件、课例为重点内容。

策略二是共享资源的来源主要为本校教师自用资源，辅以互联网相关资源。

策略三是建立学科组负责人、备课组联络人制度，负责各年级学科资源的收集、整理和共享工作。（见表4）

表4

学科负责人				
时段	2012.11—2013.8	2013.9—2014.8	2014.9—2015.8	2015.9—2016.7
高一联络人				
高二联络人				
高三联络人				

② 依托学校完备的校园网平台，向学校网管中心申请建立FTP站点，构建资源库的整体框架。结合课题要求和自身信息技术水平，我们没有选择建立HTTP网站，理由如下：HTTP网站技术难度大、开发周期长，在没有外部专业技术支援的情况下容易分散我们的精力（当前精力应集中在各项资源的收集、整理和共享上）；FTP站点结构简单，有直观的目录结构，在后期也很容易向HTTP网站转化。

站点目录结构见表5。

表5

一级目录	二级目录	说明
必修1	课件	
	课例	
	视频	
	试卷	
必修2	同上	一般用户只能浏览和读取目录与文件，只有负责人与联络员有改写和删除文件的权利
选修3–1	同上	
选修3–2	同上	
选修3–3	同上	
选修3–4	同上	
选修3–5	同上	
待分类	无	

文件命名规则见表6。

表6

课件	使用教材名+课件名称+制作者或上传者名
课例	使用教材名+课例名称+制作者或上传者名
视频	使用视频名称+制作者或上传者名
试卷	使用教材+试卷名称+命题人或上传者名

③ 为了降低用户（学科教师）使用共享资源的难度，我们利用VBA（宏编辑）功能制作了Excel版使用接口文件，以供全体学科教师（通过学科QQ群分发或直接打开FTP站点获取）使用，如图3所示。

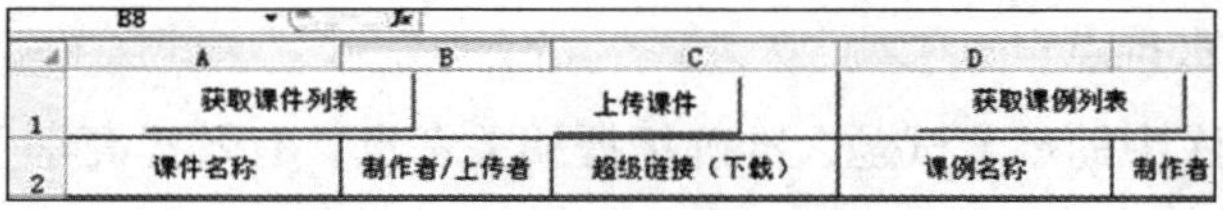

图3

④ 召开学科组会议，进行个人学科资源收集、整理和共享的全面动员。团结协作、合作互助是资源共建共享机制的重要前提，在资源共享过程中，老中青教师有不同的角色定位：

老教师有的是教育教学经验体悟和积累，把它贡献出来，才能充分发挥他们的示范、指导和引领作用，实现薪火相传；

中青年教师有的是激情和创造精神，且信息技术能力强，可以对各类资源进行深加工和重组，能在教学设计中充分体现自己的创新能力。

学科教师通过资源共享实现了相互间的信息融合，会非常重视彼此之间的交流和团队意识的培养，这对于提高教师的专业能力有很大的作用。

（2）依托资源库促进专业成长

① 依托资源库提升教师的信息技术水平。通过规范的学习制度，对学科教师进行资源库相关理论和操作培训，可以开阔教师眼界，更新教师的教学观念，使教师认识到，以多媒体和网络技术为代表的现代信息技术彻底改变了学生的学习方式，学生在学习过程中所接受的不再是单一的课本，而是集声音、图像、动画等为一体的信息，这更加有利于学生对知识的掌握和运用。鼓励学科教师将资源重组技术运用到各个教学环节，以优质课、研讨课作为"点"，积累信息技术使用经验，为日常教学普及提供范例，带动日常教学课堂的

"面"，真正让信息技术走入课堂。学科组、备课组在要求教师尽可能利用各种共享资源，运用多媒体技术进行教学的同时，鼓励教师自己收集制作课程资源，为充实资源库和以后的教学提供方便。

② 依托资源库进行个人与集体备课，提高课堂教学效率，提升教师教育教学能力。学科教师在理解教材、钻研教纲的基础上，可以按照以下环节完成一节优质课的教学设计：

检索资源库中的教学案例设计（课例），学习他人处理教材的长处和特色；

检索资源库中的相关视频，生动、形象、直观地展示各种物理情境，轻松突破教材的重难点；

浏览资源库中的章节试题，准确把握相关考点，有效提高学生得分能力；

重组资源库中的相关课件，体现自己的教学设计和需求，体现教师个人的创新性。

③ 依托资源库开展学科组教研活动，创造和谐互助的氛围，实现共同进步。在很多情况下，学科组教研活动由于缺少主题内容而流于形式。而教学资源库给学科组教研活动提供了一个很好的抓手，围绕它可以开展以下活动：

对于库中资源丰富的教学内容，可以进行对比、讨论和交流，去芜存菁，形成共识；

对于库中资源不足的知识点，选择关注度不够但有价值的部分，组织人手进行攻关，开展有针对性的小课题研究、精品课程或微课制作等活动，鼓励大家撰写相关的论文，提升自身的专业技术水平。

例如，在实施"探究外力做功与动能变化的关系"和"探究加速度与力、质量的定量关系"等课堂教学时，有人提出一个长期存在的问题：需测量记录的实验数据多、运算繁复，课堂教学难以达到预期效果，而资源库中也没有这类问题的解决方法。针对这些问题学科组讨论后达成以下共识：实验原理、方法和数据的获得是教学的重点；繁复的计算过程不是本课时的重点，学生在课堂中进行数据处理的时间不允许也没有必要过长；实验探究的主要目的是要发现各物理量之间的定量关系。经过学科教师反复商讨后决定利用Excel的公式计算功能制作"实验数据即时处理"表格，把学生的注意力引导到实验设计和操作上，使全班学生的实验数据都可以得到引用、处理和展示；通过

Excel的图表功能即时显示相关物理量的关系曲线，直观地展示实验结果。全体学生参与，交流、分享实验探究结果，亲身体验实验结论。青年教师学科组按教研会的思路制作Excel数据表和图，并提交到资源库实现资源共享。

（二）名师工作室模式下同行互助促进专业成长

名师工作室不同于科组和备课组的主要地方有两处：第一是名师工作室拥有名师，名师自身的专业成长经历，以及他们对教育教学的思考和研究，都是备课组不一定拥有的资源；第二是名师工作室内同行互助的时间相对备课组更短，但是短时间内教师又能不受日常教学行为干扰而专心致志地学习，故名师工作室模式下的教师专业发展呈现出不同的特点。图4是名师工作室一般的运行流程。

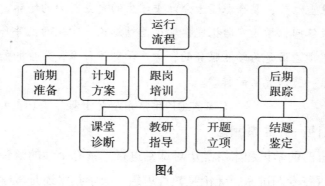

图4

整个运行过程中，占据时间最长的是跟岗培训阶段，学员们的学习也主要集中在此阶段，如何安排好这段时间的课程至关重要。根据学员们反馈回来的调查问卷结果，工作室为学员们制订了如图5所示的课程组合，以"专家引领、学员互助、自我反思"为专业成长核心，通过名师课堂示范、集体备课、同课异构、说课评课、案例分析等活动对教师的课堂教学进行诊断与提升，以论文的撰写和课题的研究为突破口，引导学员开启教研之路。

1. 专家引领——名师课堂示范

名师是课堂教学领域的专家，在多年的教育教学中积累了丰富的经验，形成了成熟而独具魅力的教学风格，而且非常容易把握教师在专业发展过程中的困惑与不足。通过名师课堂示范，学员可以直观地感受名师的课堂教学风采，发现自身不足，找到努力的方向；通过观摩，学员们能感受到新课程的教育理念真实地与课堂结合并呈现在眼前——在文章中这点无法做到。

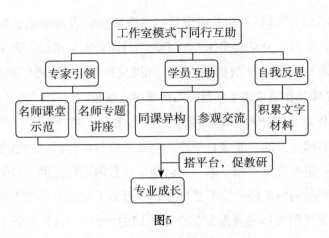

图5

今天上午听了导师华琳老师的一节课，华琳老师果真名不虚传。她教学亲切和蔼，注重细节，整个课堂十分注重学生的自主能力的培养，学生阅读理解，学生思考答问，学生实验探究，学生总结结论，学生的主导作用被体现得淋漓尽致。课堂应该是为学生服务的，学生学到了什么，学生的能力有了多少提高才是衡量一节课优劣的标准。

（摘自2012年广东省骨干教师丁志勇的跟岗日志）

2. 专家引领——专家讲座

名师以自己的学识和亲身经历对课堂进行了富有个性的解释，在不同的阶段对学员进行专题讲座，无论是教育思想、教学技术还是教学艺术等，都会是讲座的主题。讲座的形式多样，内容丰富，以非常小的切口对学员进行培训，收到了良好的效果。

根据学员们的调查问卷统计，大家对专家讲座的内容需求集中在三个方面：教科研、课堂教学能力提高以及高考动向与研究。据此，工作室开设了有针对性的专家讲座。

例如，在课堂教学方面，华琳老师的专题讲座"课堂教学的有效导入"以案例情境的展示，让众多学员进行讨论分析，提出自己的观点看法，让学员们对课堂的有效导入有了很深刻的认识。华琳老师从设计导入的要求、导入的结构、导入的方法三个方面进行了剖析，分析了学生平时存在的问题，为教学课堂的有效导入提供了很好的指导。而中山市教研室何晋中主任在"世界是通的——课程改革回归学科核心素养的思考"中则提出了他的疑问：为什么课程改革要回归学科？何主任对课程改革做了大量的研究，举了许多例子，让许多学员都耳目一新、倍感兴奋。

在教师成长方面，省教研室朱美健主任在"高中物理教师如何撰写教学论文"中，从不同角度剖析了做课题研究时涉及的问题，给众学员指明了研究课题的方向，以及做好课题所具备的要素。广州南沙一中的徐辉老师也给大家分享了他的心得，在他的讲座"优秀教师成长的途径——专业写作"中，徐老师从自己的个人学习和工作经历谈起，"写不写是态度的问题，写得好不好是能力和技巧的问题，但是必须坚持写，时间长了对于个人能力的提升会有很大的帮助"。他指导学员们可以从教学设计、教学案例、教学反思、读后感入手，开展课题研究、写论文要注意学术性、理论性、实践性，建议大家要多看书，了解当前教育教学的热点，大量阅读，用心积累材料，这样就能写出自己有感想、有领悟的东西。

在高考备考方面，广东省考试院物理高考评卷负责人张军朋教授、中山市教研室朱小青老师和广东省特级教师、省实验中学的谢春老师的讲座都给学员们带来了切实的指导。张军朋教授在他的研究"2016全国卷高考物理试题、考生答卷分析和备考策略研究"中为我们分享、分析了2018年高考物理的评卷情况。张教授从评卷的"表观印象"说起，用"风、格、特、异"四个字概括分析了2018年高考物理全国卷的特点，同时也简单介绍了目前评卷发现的问题和学生的答题情况，并根据评卷情况对未来的高考备考给出了指导意见。朱小青老师在"高中物理试题能力水平指标体系"中对题目试卷的评价引入了7个维度，确定了每个维度的权重，以定量来解决定性的问题，最终用于指导教学。

谢老师铿锵的男低音把大家带入另一番天地。"今年的全国卷有很浓的广东味，比如，第25题，它的多个过程与广东卷如出一辙。""我们的备考要避免盲区，避免死角，依托考纲，别凭经验说哪里考，哪里不考，比如，动量定理，湖北就有这样的模拟题。"谢老师边说边展示那道题，大家发现此题与全国卷的26题神似！谢老师给大家提出了具体而细致的要求，我们老师要知识全面，要有前瞻性。面对新高考、新模式要有新思维。今天的讲座，就像春雨洒向大地，生机在学员的心里扎下了根。

（摘自2016年省骨干教师屈春章的跟岗日志）

3. 学员互助——同课异构

课堂教学集中体现了教师的教学水平。能够把控课堂，是教师专业发展的第一步。课堂教学既可以展现一位教师独特的教学风格，精湛的教学艺术，也可以暴露出教师在教学中存在的影响教学效果的各种问题。科学的诊断可以帮助我们发现教学中的闪光点和存在的各种问题。

广东省中山市华琳名师工作室负责省骨干教师的跟岗学习，培训过程中工作室摸索出一套行之有效的办法。为了让教学实践落到实处，凸显效果，华琳老师给每一届学员都安排了同课异构活动，为达到效果，华琳老师严格按图6所示的4个主要过程要求学员。

磨课　授课（听课）　评课　反思

图6

（1）磨课

一次磨课（备课）大致要经历如图7所示的流程。

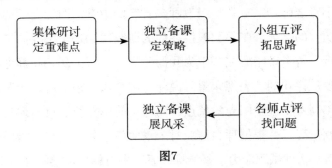

集体研讨定重难点　→　独立备课定策略　→　小组互评拓思路

独立备课展风采　←　名师点评找问题

图7

课不磨不精。经过这次学习，我最大的感悟是三人行必有我师。确实如此，每次都是我起草一节课的模板，经过大家你一言我一语的集体备课，教案已显得丰富了许多。可是经过大家的消化，等到了自己的课堂上，同样的课题已生出了许多不一样的东西，单就引课而言，就各具特色，7个人，7种不同的引课方式，正所谓"没有最好，只有更好"。

（摘自2012年省骨干教师颜新春的跟岗日志）

在一次备课中，学员们有了充分的思考，在集体讨论中思路得到拓展，正是凭着这种精益求精的精神，各位学员在华琳老师的引领下一步步向名师成长。

（2）授（听）课

讲课是对教案的检验，也是教师讲课风格的展现。再好的教案也需要合适的教师通过自身魅力将之实现。某个学员在授课时，其余学员分组在听课室里听课，华琳老师则一边听，一边与听课学员交流心得。平时学员们都比较关注备课和授课，但在工作室里，华琳老师通过言传身教，与大家交流听课的技能。如果能够学会听课，学员们便可随时学习，正是"授人以鱼，不如授人以渔"。

（3）评课

当一个阶段的授课结束，华琳老师会召集大家一起评课，小组互评与名师点评相互结合，分析课堂教学的整个过程，包括教学组织形式、教学方法、教学语言与板书设计、学生的表现、教学目标的完成情况等各个环节，从各个角度与大家一起交流本堂课的优与劣。在讨论与点评中，一方面授课学员能获得反馈，找到自己的特色与缺点；另一方面，评课学员不仅能学会如何评课，还能在评课中发现自己的观察角度和教学特色，若能将他人的优点最终同化到自己的教学风格中，则收获不止一点半点。

大家在生活上相互照应，学习上取长补短，共同进步。每个学员都有自己的闪光点：有人善于课堂的操控，有人善于活动的设计，有人善于知识点的落实。每节课都有精彩的地方：有的引入特别自然，有的互动特别活跃，有的步骤特别清晰，有的总结特别到位。每个老师都有自己独特的魅力：有的充满激情；有的优雅自信；有的笑容可掬；和蔼可亲；有的泰然自若，游刃有余。

（摘自2014年广东省骨干教师池泽辉跟岗学习总结）

（4）反思总结

当前三个阶段都结束后，学员们被要求撰写同课异构的反思和总结——从自身授课得失、听（评）课收获、同课异构对比等三个角度去写。这个反思是很有必要的，一天的授课和听评课结束，学员其实有些疲惫，需要经过这个冷静的思考过程，才能将白天的收获吸收内化，更重要的是，反思总结可以站在更高的高度去观察这一节课的内容，通过对比，寻找该类课的最佳处理方式，形成该种课型的一种模式，并最终形成自己的教学特色。

今天，我们听了颜老师和杨老师的汇报课。颜老师在处理教材和备课上花了很大的工夫，通过演示实验和学生探究实验等方法学习了力的等效和替代，总结出"力的平行四边形定则"；杨老师是通过复习三种性质的力导入课题的，从实施过程来看，讲课思路清晰。他们两位老师的课都是非常值得我学习的，使我受益匪浅。

（摘自2012年省骨干教师谢克裕的跟岗日志）

整个跟岗过程我一共听了13节课，14位跟岗学员还共同演绎了各具特色、各有千秋的同课异构汇报课《机械能守恒定律的应用》。先是课前集体备课，大家通过一起学习、交流、探讨，开阔了视野和思路，给了我很多借鉴与启发。学员们积极向上、精益求精的精神很值得我学习。之后，同组上课的学员们各自精心备课，设计了优秀的教学设计和学案，课堂上表现都很精彩。我本人的汇报课，从课前的备课，到课堂的呈现及课后的评课交流，我都记忆犹新，深受教育。

（摘自2016年省骨干教师孙军课的跟岗日志）

同课异构教学研讨为教师们提供了一个面对面交流互动的平台。在这个平台上，教师们共同探讨教学中的热点、难点问题，探讨教学的艺术，交流彼此的经验，共享成功的喜悦，或者为某个未解问题冥思苦想，食不甘味，夜不能寐。多维的角度，迥异的风格，不同的策略在交流中碰撞、升华。这种多层面，全方位的合作、探讨，可以整体提升教师的教学教研水平，从而提高教学质量。

4.学员互助——参观交流

跟岗学习组主要是在中山市第一中学进行学习培训，但为了充分发挥工作室的校际交流，甚至市际交流的作用，工作室积极安排学员到各个级别的学校进行参观学习，一是感受各学校的校园文化，二是通过听课学习吸取众人之长。在广东省中山市华琳名师工作室安排的跟岗学习期间，学员们被安排到中山纪念中学、中山二中和桂山中学等学校进行参观学习，听了很多老师的课，每个老师的课都各具特色，给大家留下了深刻的印象。学员们表示，古镇高中的熊昌通老师做的一个杂技般地撞出纸片，鸡蛋掉入杯中的实验和纪念中学的李德钦老师用电磁炉"点亮"小灯泡实验，成功地激起了学生的兴趣和求知欲望。广东省中山市华琳名师工作室也安排学员们前往南昌、北京等地参加了全国有重要影响力的活动，学员们收获良多（见表7）。

表7

中山市华琳名师工作室学员2016年外出学习统计	
活动名称	参与人数
全国特级教师实践交流（深圳）	2
全国名师课堂教学和实验展示（南昌）	3
全国青年教师现场教学大赛（北京）	3

我们去了中山市桂山中学、惠州市华罗庚中学，除了受到两所学校的热情接待外，又走进参观校的课堂，了解参观校的物理教学、日常管理等情况，还了解参观校所在地的风土人情等。对学校的教育教学管理等有了立体全方位的认识。在交流的过程中，大家有了思维的碰撞，也相信，这样的碰撞一定会在各自的心里产生对教育的新的理解，而且将会影响学员们以后的教育人生。

（摘自2012年省骨干教师颜新春的跟岗日志）

5. 自我反思——积累文字材料

交流帮助理解，但如果仅仅停留在唇舌间，理解持续的时间往往不长。因为担心这点，工作室要求学员定期写文字材料，十分注重让学员将反思变为文字，深化感悟。朱美健教授也推崇将所思所考随时记录下来，这些反思和疑惑就是一线教师论文课题来源的最佳文字材料（见图8）。

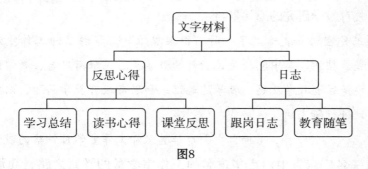

图8

第三是物理课堂变得生动起来。实事求是地说，而且也是普遍的认识，高中物理课不好学。既然是这样，那么教师就有义务和责任将自己的课堂变得有意思一些，营造一种轻松的氛围，让学生首先从心理上愿意在这样的课堂里上课，然后才有可能静下心来思考有一定难度的问题。本人不是演讲的高手，但是也尽量在课堂中用一些学生所喜欢和接受的语言去描述所要学习的物理知识和进行课堂穿插。

（摘自2014年广东省骨干教师任国印的课后教学反思）

在教育教学实践中，我不断地探索并获得了一些行之有效的教学方法。随着不断地修正自己的教育观念，我越来越深刻地懂得了，要想学生学得好，更要"实践出真知"。反思最初的困惑，不正是因为学生没有真正参与到学习中来，没有在学习中获得乐趣，所以才导致事倍功半。只有老师一厢情愿的努力是不够的，必须让学生这一教育主体真正动起来，积极主动地参与到学习的"实践"中来，在学习中摸索方法，在获得知识的同时获得乐趣，获得经验；学会探索，学会发现，学会欣赏，学会评价，学会同情，学会体谅……

（摘自2014年广东省骨干教师卢振鹏的读书笔记）

相信不少一线教师都有这样的体会，"课好教，成绩容易出，但写论文难，做课题更难"。新时期，教育教学研究已经逐渐成为教师专业发展的分水岭，一个只会教学不会进行教育教学研究的教师只能成为"教书匠"，教师专业发展终成空谈。在名师工作室的环境中，教师的教育教学研究进一步得到了发展。

在教育教学研究中，主要存在两种研究方式：一是理论研究；二是实证研究。对于一线教师，更容易参与第二种，但是普通教师往往找不到研究内容。工作室模式下，学员会被要求记录教学反思、读书心得、评课心得等，这些就成了教育教学研究的原始素材。

名师工作室培养我形成了一种"框架思维"，华琳名师工作室为每个成员制作了成长档案，其中包括每位教师的教学反思、跟岗日志、教学设计等内容，我主要是通过教学反思、教学随笔记录和思考教育教学问题，依靠课堂教学实践活动进行研究的。

（摘自中山市华琳名师工作室学员钟路的教学随笔）

跟踪一名广东省中山市华琳名师工作室学员的教研之路，我们可以看到，名师工作室是如何为一名教研新手搭台阶，帮助他一步步走进教研，开始教研的。教研新手的教研之路如图9所示。

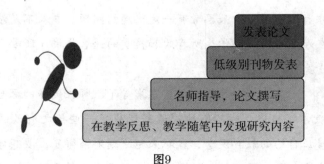

图9

而现在，本课题的大部分课题组成员都是第一次参与课题研究，也正是凭借名师工作室的平台，各位成员才有机会聚在一起，精诚协作，完成个人专业发展上的第一次课题研究。

九、课题研究的成果

（一）科研成果（教师同行互助的有效途径）

1. 创建"五环节"集体备课模式

（1）"五环节"集体备课模式

此内容在课题研究过程中已有介绍，此处不再赘述。

（2）实施细目表

以《机械运动》这节课备课为例，首先，备课组安排两位教师针对机械运动章节的重难点来编写初案；初案经过集体研讨，并进行改进完善，得到可用于教学的PPT；接着，每一位备课组教师都结合自己的教学实际进行取舍修改，并应用于自己的课堂教学；然后，备课组教师针对上课情况，对教学设计进行分析和改进，并在备课组会上交流；最后，根据学生的上课反馈情况来编制有针对性的练习和试卷。具体反馈情况见表8。

表8

周数	时间	备课内容	各环节责任教师		活动内容	完成度评价
1		《机械运动》	教案与课件设计	（两位）	（经历预案、集体研讨、优化前三个环节）	
			备课反思	集体	（第四环节）	
			反馈练习与试卷	两位	（第五环节）	

2. 创建同行互助听评课模式——多维度互助式听评课

课堂是教师专业成长的主阵地，是教师展示才华，收获成功的大舞台；是学生汲取营养，取得突破的主要渠道；也是学校教学质量和教学成功的生命线。所以每一位教师必须对每一节课精耕细作，做最充分的准备，让课堂变得充实高效。然而在现实中，我们并不能预知课堂中的每一个细节。一个小小的事件就有可能打乱事先的规划。因此，备课组创建了"多维度互助式听评课"模式来完善课堂教学，从课堂的每一个环节出发，做到全程跟踪记录，发现课堂中存在的各种问题，及时提出解决方案，在备课组内形成共识，从而优化教学。

（1）听评课的6个维度

引入与过渡、教学环节时间分配、教学内容分析、教学方法应用、学生课堂情况、教学有效性反馈。

（2）听评课记录表与实践案例

多维度互助式听评课记录表见表9。

表9

课程名称			授课老师	
评课地点			授课时间	
听评课人				
听课维度与记录	引入与过渡			
	教学环节时间分配			
	教学内容分析			
	教学方法应用			
	学生课堂情况			
	教学有效性反馈			
当前维度评价				

3. 探索出师徒结对子的有效策略和制度

师徒结对子的具体模式如图10所示。

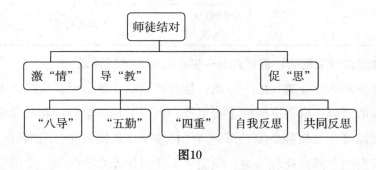

图10

（1）师徒结对的策略

① 激"情"。心有多大，舞台就有多大。教师只有满怀理想，激情飞扬，才能点燃青春，激发智慧，创造佳绩。为此，激"情"应当成为青年教

师踏上教育岗位的第一课。初涉讲坛，年轻教师对教师职业充满着责任感，对教育工作倾注着满腔热情。年轻教师的这种热情无疑是弥足珍贵的教育资源，学校应利用导师作为引导，精心培育，小心呵护，让这种热情长久地持有、最大限度地扩张。学校建立青年教师活动日制度，通过专家引领、同伴交流、以老带新、导师引导激励等方式，不断强化青年教师的成才观念和忧患意识。举办"初为人师"演讲比赛、基本功竞赛、青年教师课堂大赛、青年教师解题能力大赛、骨干教师公开课、班主任技能大赛、优质班会课等活动，让青年教师抒发情怀，施展身手，营造出你追我赶的竞争氛围，取得了很好的成果。

② 导"教"。导，即发挥指导教师的引领作用，避免青年教师走弯路，入歧途，保证他们健康成长，快速成长。师徒结对的引领作用表现在对结对教师师德的引领上。导"教"是师徒结对的中心环节，也是师徒结对实效性的可靠保证。

为了使指导教师的"导"落实到位，要求做到以下几点：

"八导"：一导计划制订，二导备课，三导上课，四导作业布置与批改，五导资料选择、编写与考试命题、质量分析，六导亲近与管理学生，七导教师专业知识的扩展与加深，八导教师条件性知识的学习与丰富。

"五勤"：思维与知识上"勤问"（多请教），过程与方法上"勤跟"（多听课），困惑与疑难上"勤说"（多交流），具体事务上"勤做"（多积累实践经验），业务结果上"勤思"（反思总结）。

"四重"：思维上重启发，方法上重探讨，环节上重落实，行动上重反思。

③ 促"思"。没有反思的经验是狭隘的经验，至多只能形成肤浅的知识。我们提出，"不会反思的教师是一个永远长不大的教师"。教师的经验只有经过思想的锤炼，才能得到提升和内化，成为宝贵的教学财富。

师徒结对活动的反思包括两个层面：一是自我反思。青年教师自我提问，自我反思，对实践反思，在实践中反思，为实践而反思，思效，思得，思失，思改。指导教师以身作则，深入反思，思教学设计是否合理，思点拨指导是否得当，思青年教师特色何在、教学风格如何彰显。二是共同反思。师徒互动，相互切磋，共同探讨。透过如图11所示的课题实施前后的对比数据，可以很清楚地看到，研究前大部分教师在教学中缺少反思，研究后大部分教师都能自行进行反思，反思人数增加了56.6%。

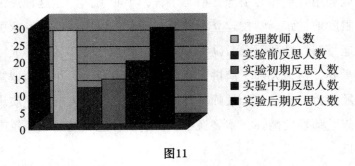

图11

（2）师徒结对制度

指导老师（师父）的职责：

① 指导培养对象吃透本学科教材、课程标准，对教材进行深度挖掘。

② 负责对培养对象进行有针对性的理论学习指导，每学期进行一次专题讲座。

③ 要进入培养对象的课堂听课，做好评课指导工作，每学期在5次以上。

④ 要与培养对象交流工作经验，探讨提高教学效率的新途径。

⑤ 负责指导培养对象撰写教学论文、教学反思、教学评析，每学期至少写一篇教学论文。

⑥ 负责指导培养对象积极参加各级组织的竞赛活动。

⑦ 学期初制订培养青年教师工作计划，期末认真填写指导教师工作情况汇报表。

培养对象（徒弟）的职责：

① 认真吃透本学科教材和课程标准，认真学习教学常规，掌握"备、讲、批、辅、考、评"六大教学环节，并认真做好每一个教学环节，提高教学质量。

② 积极参加教研活动，每学期上一节全校性展示课。

③ 要谦虚学习，不耻下问，经常听指导教师的课，每学期应在15节以上（认真学习指导教师的长处）。

④ 每学期写5篇教学反思、5个课例评析、1篇教学论文。

⑤ 要积极参加校、市级课堂技能比赛活动，主动邀请指导教师指

导、评课。

⑥积极参加校级及以上级别的课题研究工作。

⑦要服从学校的安排，积极参加各种培训、学习。同时要认真学习教育教学理论，每学期精读两本教育教学专著，写出有质量的读书心得。

⑧学期初认真制订工作计划，期末认真填写培养对象工作情况汇报表。

4.探索出依托资源共享，教学研相结合，促进教师专业成长的有效模式

依托资源共享，教学研相结合，促进教师专业成长的有效模式如图12所示。

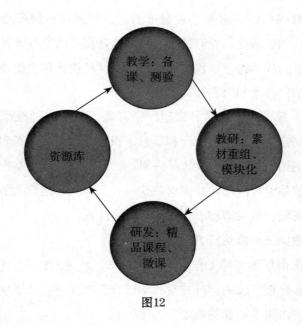

图12

（1）利用资源库提高教学效率

首先，资源库具有极强的实用性，素材来源于学科组的精心选择，只有精品才能进入共享资源库。教师在使用资源库进行备课时，能充分参考同行处理教材的手段和方法，更快地吸收各位专家教师的长处，还可以在此基础上进行创造性的发挥，形成自己的教学特色，促进自身的专业成长。教师充分利用资源库中的各种素材，可以更快、更好地完成备课环节，将教学环节的重心向后、向课堂、向学生端移动，最大限度地提高教学效率，也充分体现了学生的主体地位。其次，资源库还有区域性的特点。学生学习特点和学习习惯是有时域和地域区别的，教师的教学过程和教学设计就要适应这些学情，因而库中的资源更加贴合本地区的学情、特色，更有利于本校学生突破学科学习的重难点，极大地降低了学生学习本学科的门槛，提高了学生学习的积极性。例如，本地历年的学生都有书写不规范、计算能力偏弱，但动手能力较强的特点，资源库中收集整理的必修1《直线运动》的课件中有很多针对性的强化措施：计算题有严格的解题过程；习题、实例选择贴近生活实际，原理简单但有一定计算难度。通过采取这些措施，学生觉得物理更容易学习，教师觉得物理更好教，教学效果的提升是显而易见的。

（2）依托资源库促教研能力提升

一方面，教师要研究素材、素材重组。各类素材、资源给教师展示了教学设计的多样性和创造性。我们鼓励、引导教师深入研究各种素材，创造性地发挥，形成自己的教学特色，积极开展教学素材模块化和重组技术的研究，以对资源库进行结构修改和内容补充。

另一方面，教师要开发精品课程、微课集。我们鼓励教师利用重组和模块化的素材，结合自己的教学设计和反思，积极开发精品课程和微课，促进教师专业成长。例如，学科组青年教师许旭旭、邱锦辉等依托本校资源库，积极参与市微课、精品课程活动，并多次荣获一、二等奖，他们的活动成果被引入资源库，使"视频"目录增加了"微课与精品课程"内容。

5. 探索出教师工作室运行方案与管理制度

广东省中山市华琳名师工作室自成立以来，经过5批工作室学员的培训，逐渐摸索出一套合理有效的运行方案和学员管理制度——"华琳名师工作室方案"和"工作室跟岗学员管理制度"。

6. 探索出工作室模式下教师同行互助的有效途径

工作室模式下教师同行互助的有效途径如图13所示。

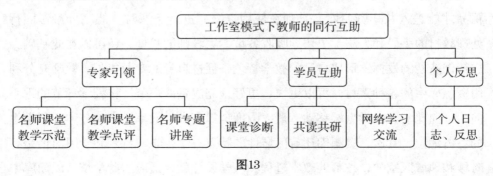

图13

（1）专家引领

① 名师课堂教学示范：名师是课堂教学领域的专家，在多年的教育教学中积累了丰富的经验，形成了成熟而独具魅力的教学风格，而且非常容易发现教师在专业发展过程中的困惑与不足。名师工作室中的研究团队可以面对面地分享专家教师的智慧，通过与专家教师的对话和共同学习，加速专业成长的步伐。

② 名师课堂教学点评：教学点评是名师在听完学员上课后的即时评价，课的优劣得失等都会在第一时间进行反馈，使学员们得到了更为及时、有效的支持与指导。这种形式的指导与培训是面对面的，是具有实战性的，对促进教师的专业发展起到了不可替代的作用。

③ 名师专题讲座：专家型教师根据学员的需要，以自己的学识和亲身经历有针对性地开设专题讲座，在理论或者实践上给予学员一定的专业支持。专家型教师针对教育教学实践中存在的问题进行专项研讨，以非常小的切口对学员进行培训，在一定限度内更好地实现培训的针对性、实效性。

（2）学员互助

① 课堂诊断——同课异构。"求同存异中的成长"：选定同一课题后，工作室成员分组分别备课、磨课、录像研讨、召开发布会，形成了同一课题下的不同路径的研究形式。在同课异构过程中每个小组都采用了前测访谈—备课—上课观课—后测评估—会议研讨—调整备课—再上课观课—再后测评估—再会议研讨……这样一个循环往复的过程，每一步都用录像记录过程并根据录像资料召开会议，研讨每一个课题。同一节的内容由不同教师结合自身的教学风格和专业领悟，进行教学设计并开展课堂教学。由于任课教师不同，所备所上的课的结构、风格，所采取的教学方法和教学策略各有千秋，这就构成了风格迥异的特色课。

② 共读共研。第一个方面是阅读分享——"在阅读中碰撞思想"：

工作室的导师们经过大量地挑选与推荐，让学员进行读书活动，并在读书后谈自己的读后感。读书活动的开展对教师提高专业素养，进一步促进教师的自我完善和文化的积淀起到了重要的作用。工作室成员利用座谈等形式，让彼此的想法自由地交流与碰撞。各个成员根据上课教师提供的课堂教学实例，交流教学思想，总结教学经验，探讨教学方法，探讨更加有效的教学设计、教学组织形式等，使工作室成员从一个课堂教学实例中吸取长处，改进不足，共同提高教学水平。

第二个方面是专题研讨——"交流对话的平台"：

名师工作室专题研讨会有别于只有少数人在前面发言的研讨会或者报告会，而是真正充分地调动工作室成员全部参与其中的会议。研讨会邀请相关领域的专家、学者、同仁，就一定主题先辩论，再在全体会议上进行讨论，给予工作室成员充分的发言权，为其提供交流与对话的平台。这样的研讨会对于工作室成员阐明问题，深入思考，理解研讨会的内容是非常重要的。专题研讨会让工作室的成员在个人思考的基础上，以个人的意见为基础，取其精华，去其糟粕，使得工作室的成员都看到了自己原先没有看到的更本质、更深刻、更高效的东西，从而形成更高层次的积极向上的发展共识，使得工作室团队的智慧大于每个成员的个体智慧的总和，实现了信息共享、经验共享、教训共享，在互相学习中达到共同提高的目的，并将学习能力转化为现实的生产力，促进工作室成员的专业技能向更高的层次发展。

第三个方面是课题研究——"在研究中激发反思"：

教师实践性智慧的获得不能靠"授课式"的教师培训模式，有效的策略和方法是使教师以教学中的实际问题的解决为途径，以学科教研活动为平台，开展主题式教研及科研活动，实现教师自主的实践反思以及与专家和同辈的交流互动。工作室成员以课题研究的方式进行合作，教师与同事或者专家学者围绕着课题进行讨论和有效的交流，针对研究主体展开资料收集，在一起探讨解决问题的策略并进行具体研究。工作室成员在课题研究的过程中，不仅增强了资料收集的能力、问题解决的能力，更为重要的是通过课题研究培养了教师的问题意识，使教师有意识地反思自己的教学实践，探索问题的解决策略。

第四个方面是网络学习交流——"随时随地地学习"：

名师工作室积极推进传统媒体和新兴媒体有机融合，实现优势互补，充分发挥传统媒体的权威性，积极利用新兴媒体的及时性和互动性，整合传播方式，推进名师工作室对教师专业发展的阵地建设，引领工作室成员的价值发展方向。名师工作室的网络平台是名师工作室的重点建设领域，这是基于网络的虚拟环境，利用博客平台、微信平台、QQ平台构成具有共同学习任务的学习团体。工作室成员之间在学习的过程中进行沟通、交流，分享各种学习资源，共同完成一定的学习任务，这在工作室成员之间形成了相互影响、相互促进的人机联系。

（3）个人反思。反思对于教师的专业成长具有重要的意义。波斯纳提出了教师成长的公式：经验+反思=成长。澳大利亚的斯坦托姆说："20年的教学经验也许只是1年经验的20次重复，除非我们善于从经验中吸取教益，否则我们就不可能有什么改进。"教师通过在实践中探究和反思来实现专业发展。教师主要不是通过自己接受知识，而是通过反思来更清楚地理解自己，理解自己的实践。

名师工作室的学员每天都要书写培训过程中的个人日志、读书笔记等，并有针对性地进行反思。工作室会定期组织学员交流、分享自己的反思和感悟，学员在交流中进一步反思，专业水平得到提升。

（二）资源建设

1. 开发构建了一个内容丰富、结构完整、功能多样的共享资源库系统

本课题将教师所贡献出的、外显的、优秀的教育教学经验、知识及教科研成果等进行梳理、提炼和统整，使之具有一定的知识结构或者体系后存入共享资源库，从而将教师个人所贡献出的零碎知识真正转变为具有学科特色的教师知识体系，并且上传至网络供每位教师查阅，不断优化网络资源，达到网络资源共享，从而使知识由个人扩散至组织，最大限度地促进每位教师的专业发展。

资源库的生命力在于更新。随着时间的推进，教材在改变，教育理念在更新，新技术、新设备不断引入课堂。目前教育部大力推荐的新一代资源库具有统一标准、体现课改思想、强调探究、注重交互性、全面整合现有资源、素材与管理系统分离等特点。我们现已基本建成一个开放共享、动态更新、与课程改革同步并面向师生的综合性资源库，这实质上解决了本学科的教育信息化应用问题。通过本课题的实施，在学科组成员的大力支持下，所建资源库中的各种素材和资源已覆盖整个高中物理教学体系。资源库中的各种资源见表10，资源库素材如图14所示。

表10

学科模块	资源库所含相关资源数（文件数）			
	课件	视频	试题	课例
必修1	210	209	105	20
必修2	208	189	95	15
选修3–1	95	50	40	5
选修3–2	75	32	20	6
选修3–3	165	65	15	3
选修3–4	30	7	0	0
选修3–5	142	72	16	2

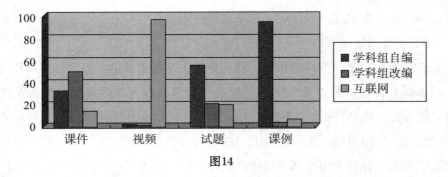

图14

2. 创建名师工作室网络平台

名师工作室网络平台能够建立学员间远程学习，跨校、跨区协作等模式，充分发挥同行互助促进教师专业成长的作用。借助这个平台，教师可以随时随地进行信息的交流与沟通，指导可以更加频繁、灵活、快捷，这样有利于教师进行共同学习，真正达到"共享智慧，共同发展"的目的。本课题对名师工作室网络平台的搭建及其运行从以下四个方面进行了探讨（见图15）。

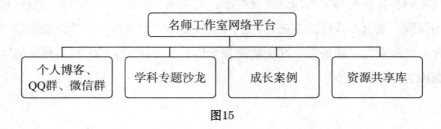

图15

（1）个人博客、QQ群、微信群——信息的交流与沟通

教师的灵感、智慧、思想、体验、过程蕴含在博客中。博客是对教师的学习过程进行的跟踪和记录，是教师隐性知识显性化的过程。博客具有共享性，体现了一种利他的共享精神，突出分享交流的意义，并为他人提供帮助。每个教师工作室主持人都建立了工作室博客，工作室主持人链接学员的博客。博客拓宽了教师交流的时间、空间，延伸了同行对话的深度、广度，促使教师之间分享教学经验、智慧。通过博客，工作室主持人、学员发布教学经验、困惑等，将学习成果、研究成果等向外输出，以互动的形式面向广大教师。博客成了教学的动态站、成果辐射源和资源生成站。此外，工作室主持人还建立了QQ群、微信群，使学员能及时了解信息、要求和反馈，确保进行即时的指导与交流。

（2）学科专题沙龙系列化——在线研讨

工作室根据教学实际的需要，设置系列化的专题，阶段性地围绕一个共同的话题进行深入研讨。采用主题跟帖的形式，前有车后有辙，交流便捷，不受时间限制，节约人力成本。道理越辩越明，很多疑难问题和困惑也可能在共同参与的情况下得以解决，参与研讨和辩论的过程本身就是专题学习的有效方式，是反思型的学习方式。大家围坐交流研讨固然可以，利用网络视频或文本形式将自己执教的课例拿来供大家研讨点评，更是十分方便的形式，也有助于改变当前教研活动套话多、批评意见少、主题偏离的现象。网络发言更加理性，众说纷纭，褒贬互见。教师的课例在网络平台上展示，实现资源共享。

（3）师徒成长案例——分享激励

创立名师工作室的目的不仅在于宣传名师，还在于培养名师，借鸡生蛋，产生名师效应，培养更多的名师。鲜活的案例最有说服力、示范性和启发性。经常提供一些指导教师成长和教师专业成长历程的案例，对于明晰教师专业发展路径，促进教师专业成长都是十分有益的。名师指导能出高徒，高徒同时也塑造了名师，教学相长，师徒共进。每一位名师都是从普通教师成长起来的，青年教师沿着名师成长之路行走，也会成长为新一代名师。

（4）资源共享库——开发与开拓

资源库共建共享，让网上名师工作室成为资源之源。名师工作室除了组织活动以外，还可以建立学科资源库，吸引本校和本地区教师提供各类教学资

源，建立学科资源库。

3. 开发了两个广东省普通高中教师职务培训课程学习资源

华琳老师开发了"走向专业化评课""超重与失重同课异构评析"名师课程。两个课程经广东省教师继续教育培训课程专家组审核通过，分别应用于广东省2011—2016年的普通高中教师职务培训。

（三）教师成长

1. 提高了教师的教学技能和科研能力，培养出一批优秀教师

我校成立广东省中山市华琳名师工作室之后，各项工作有序而高效地进行着，促使大批教师得到快速成长。2012年至2018，获得国家级荣誉的有14人次，获得省级荣誉的有17人次，获得市级荣誉的有57人次，获得校级荣誉的有33人次；在国家级教师培训中做代表发言的有1人次，在省级教师培训中做代表发言的有2人次，在市级教师培训中做代表发言的有3人次；另外有2个省级课题已结题，3个市级课题已结题。此外，工作室在5年内累计培训5个批次的学员，其中省工作室学员中有2人晋升为校级领导，1人被选为"百千万工程"培养对象，3人调到省市重点中学任教，1人被所在地市调任为学科教研员，2人为市中心教研组成员，1人被评为市学科带头人，1人被评为市教师工作室主持人。具体情况如下：

（1）在教育教学方面，池泽辉、温伟锋、张齐峰老师已迅速成长为"市物理学科带头人"，钟国涛老师被聘为肇庆市物理学科委员会委员，谭亚秀老师也被信宜市教育局认定为高中物理学科骨干教师，钟路、荣斌、邱锦辉、李清、刘连英老师被当地教育局评为市级优秀教师。邱锦辉、张建军、钟路老师参加物理教学技能大赛，分别获得了国家级、省级、市级一等奖。在工作室跟岗期间，2个学员教学录像课被评为省一等奖；开发的课例中，有3个课例被所在地市评为一等奖。邱锦辉、张建军、钟路、许旭旭、温伟锋、谭亚秀老师在学生竞赛辅导上均表现出色，他们所指导的学生参加市级、省级、国家级的物理竞赛，取得了骄人的成绩，同时许旭旭、钟路、邱锦辉老师被评为优秀竞赛辅导员。

（2）在教育研究方面，学校和工作室在教科研方面都会大力培养年轻教师，很多教师也有了长足的进步，他们撰写了一些高质量的教育教学论文并完成了省级、市级课题的结题。傅秋红老师所撰写的论文在全国中学物理特级教师代表大会中进行交流；温伟锋老师所撰写的论文被广东省基础教育学会评为一等奖；钟路、马磊、张建军、张杰伟老师所撰写的论文均获得市级奖励；黄德斌、钟国涛老师所参与的省级课题均通过专家鉴定，顺利结题。

2. 形成了一个团结协作、乐于奉献、积极进步的教师群体

基于校内资源库平台以及校际名师工作室网络平台，教师之间形成了一种"人人为我、我为人人"的工作氛围。资源库的全面推广使用使骨干教师的教育教学经验与全体教师共享，也为资源互补、将隐性知识与显性知识进行有效的挖掘整理、交流沟通提供了平台。共享资源库给学科组教师提供了一个很大的交流空间，这是一个经验和创新碰撞交融的地方。同行教师可以通过共享资源库中的各种素材相互学习先进的教学思想、教学理念和教学方法。名师工作室网络平台拓宽了校际教师交流的时间、空间，延伸了同行对话的深度、广度，促使教师之间分享教学经验、智慧，学员间相互帮助，及时沟通交流，共同成长。

在同行互助的模式下，教师团结协作、乐于奉献、积极进步，得到了大家一致的肯定。中山市第一中学物理科组也因此在广东省普通高中物理示范教研组展示活动中获得一等奖。

（四）成果影响

1. 国家级，见表11

表11

成果类型	课题研究	论文	培训与讲座	专业发展获奖与荣誉	行政获奖及荣誉
人次	0	4	3	6	1

2. 省级，见表12

表12

成果类型	课题研究	论文	培训与讲座	专业发展获奖与荣誉	行政获奖及荣誉
人次	1	3	4	6	2

3. 市级，见表13

表13

成果类型	课题研究	论文	培训与讲座	专业发展获奖与荣誉	行政获奖及荣誉
人次	2	3	9	27	16

4. 校级，见表14

表14

成果类型	课题研究	论文	培训与讲座	专业发展获奖与荣誉	行政获奖及荣誉
人次	0	7	2	18	6

十、研究反思与今后的设想

1. 个别教师思想顽固

在听课和评课实施过程中，有极个别教师思想顽固，教法保守，进取心不强，对这种集体反思的智慧持反感态度，有待寻找更有效的措施，取得全体教师的共同进步。

2. 效果参差不齐

师徒结对活动开展以来，效果参差不齐，究其原因，与教师对师徒结对的认识和投入态度的不同有关。一般来说，师徒结对的态度可以分为三个层次：

（1）将学校要求必须以书面形式上交的内容完成了，不论是指导的教师还是学习的教师都没有以积极主动的态度去关心、去学习，效果就很一般，没有真正起到应有的作用。

（2）随着与被指导对象的接触和交往，师徒之间的情感发生了变化，指导教师开始积极主动地关心被指导教师。

（3）参与的教师一开始就认识到，所谓师徒不是暂时的，而是从一开始起就是相互为师的，新教师有他们的长处，作为导师，也可以从自己的徒弟那里学到不少东西。

我们在实践中发现，真正能达到第三层次的教师并不多，大多数只是停留在第二层次。如果能使所有的教师都真正认识到师徒结对对教师专业发展的价值，辅以师徒结对制度的完善，则新教师成长的速度会大大加快，教师的专业化水平也会有显著的提高。

3. 资源库的分类目录不够完善

首先，分类目录只是涉及高一、高二的6个模块，没有"高三第一轮复习"部分，导致复习体系有缺陷；细分目录只有"课件""课例"等4个部分，后来补充了"微课和精品课程"部分，但还需要补充"学科竞赛""课外活动""论文与教学反思"等。其次，资源库的功能和人机界面设计需要改善。由于受高端信息技术能力的限制，目前资源库的管理功能单一，人机界面简单，只能提供直接的素材列表，使用者需要较长时间才能检索到需要的素材，使用不方便。

4. 资源库的使用模式创新不足，多样化不够

目前，不少教师把它当作一种素材提供者，没有进行深层次的挖掘，没有意识到这是一个教学思想、教学理念和教学方法交汇融合的地方。应该向学校和信息中心寻求支持，将资源库从FTP站点迁移成HTTP网站，更加丰富资源库的模块和管理功能，并尝试向其他学科教师和学生开放。

5. 网络早已成为教师专业化发展必不可少的外在条件

如何利用网络组建教师互助资源库以及搭建网络教师工作室平台的研究尚处于起步阶段，存在许多问题，需要进一步研究探讨。

6. 设想

在本课题研究的基础上，课题组后续会加强网络名师工作室的组建，丰富网络工作室的功能，加强教师间的交流，争取使网络工作室成为大家交流学习的研究平台。

参考文献

［1］朱宁波，张萍.校本教研中的教师同伴互助［J］.教育科学，2005（5）.

［2］王坦.合作学习——原理与策略［J］.教育评论，2002（2）.

［3］皇甫全.新课程中的教师角色与教师培训［M］.北京：人民教育出版社，2003.

［4］顾小清，汪飞云，郭伟.在线同伴助教：核心能力及其培训设计［J］.电化教育研究，2009（5）.

［5］杨颖，刘敏昆，陈娟.同伴互助在ICT与课程整合中的探索研究［J］.电脑知识与技术，2011（10）.

［6］李春武.农业县初中化学科校本教研的探索［J］.化学教育，2010（11）.

［7］夏惠贤，杨超.美国中小学教师的同伴互助及对我国教研组活动的启示［J］.教育科学，2008（4）.

［8］涂湘萍，黄筱红.小学校本教研的策略探究［J］.南昌教育学院学报，2011（11）.

［9］王秋芳，王鹏.新课程下基于"PDCA循环"的校本教研模型初探
　　　［J］.教育探究，2007（3）.

［10］刘梦莲，刘勇."同伴互助"在高校教师教育技术校本培训中的应用
　　　［J］.软件导刊（教育技术），2009（9）.

教育科研

第三篇

3

基于逻辑学，浅谈电场强度概念引入方法

中山市第一中学　张建军

电场是非常抽象的物质形态，电场的基本性质是对放入其中的电荷有力的作用。为了描述这种特性需引入电场强度这一概念，对电场强度的概念的学习，不仅在物理思想上、物理方法上有重要意义，在培养学生的思维能力方面也有很大的作用。这个概念的引入方法常见的有三种，下面从逻辑学角度对三种引入方法进行辨析，探讨不同方法的合理性和局限性。

一、基于演绎推理，通过比值定义法引入电场强度

大多数教师在进行电场强度概念教学时，采用教材中提供的方法，即比值定义法引入电场强度。首先，教师要引入试探电荷的概念和特点，在建立试探电荷概念的基础上引入电场强度的概念，即物理学中把放入电场中某一点的检验电荷受到的电场力与它的电量的比值叫作这一点的电场强度，简称场强，用公式可以表示为$E=\dfrac{F}{q}$。在学生掌握这个概念的基础上，再通过库仑定律引入点电荷的场强公式$E=\dfrac{kQ}{r^2}$。

用比值定义法引入电场强度概念，符合逻辑学中的演绎推理，即从一般性结论推理出个别性结论。从中学生心理发展角度分析，演绎推理是高阶思维形成的必经阶段，也是学生必须具备的思维能力，符合高二学生的年龄特征，因此，用比值定义法引入电场强度的概念当仁不让地被大多数教科书选择。用比值定义法引入电场强度看似简单直接，但对学生的逻辑推理能力要求很高，学生在理解时会出现许多困惑，往往会思考为什么非得用这个比值去定义电场

强度，为什么不直接用力去描述；电场强度为什么和试探电荷无关。也许这些问题对于教师来说司空见惯，但是对于刚刚接触电学的学生来说，是个不可回避的难题。许多教师为了解决这些问题，不得不对定义本身做出许多补充说明，直接告诉学生电场强度是由电场本身性质决定的，和试探电荷无关。这个时候学生对电场强度的理解其实只停留在记住这个层面上，根本没有深层次地理解概念，只能先塞进大脑，强行记忆下来。教师应该充分考虑到学生的实际困难，做出适当调整，用比较感性直观的方法去促进学生的理解。比如，采用逻辑学中的类比方法，将电场类比成Wi-Fi网络环境，在网络环境中将某个位置的信号强弱类比成电场强度，然后向学生提出问题："如何测量这个位置的信号强弱？"学生很容易想到用手机去检测，这个时候教师就可以将手机类比成试探电荷，接着提出问题："如果换一部手机去检测，会不会改变这个位置的信号强度？如果拿开手机，这个位置的信号强度是否会随之消失？"通过这些问题的回答，学生会对电场强度有一个直观的对比，加深他们的理解。

二、基于类比推理，通过类比引力强度引入电场强度

自然界中任何两个物体之间的引力是通过引力场发生的，两个带电体之间的作用力是通过电场发生的。引力场和电场有许多相似之处，一是场的形式相同。引力场和电场都具有物质性，看不见，摸不到，但都是真实存在的。二是场的性质相似。引力场对放入其中的物体有力的作用，电场对放入其中的电荷有力的作用。三是力的表达形式相似。万有引力的表达形式为$F=\dfrac{GMm}{r^2}$，静电力的表达形式为$F=\dfrac{kQq}{r^2}$。两个表达式都反映出力与距离的平方成反比，万有引力与质量乘积成正比，静电力与电量的乘积成正比，见表1。

表1

引力场中的强度	电场中的强度
在地球上，将质量为m的物体放在地球的引力场中，地球引力场对物体的作用力F为 $$F=\dfrac{GMm}{r^2}=\dfrac{GM}{r^2}m$$	在点电荷周围，将带电量为q的试探电荷放在点电荷Q的电场中，点电荷Q对试探电荷的作用力F为 $$F=\dfrac{kQq}{r^2}=\dfrac{kQ}{r^2}q$$

引力场中的强度	电场中的强度
当 r 不变时，$\dfrac{F}{m}=\dfrac{GM}{r^2}$ 也不变	当 r 不变时，$\dfrac{F}{q}=\dfrac{kQ}{r^2}$ 也不变
定义 $g=\dfrac{GM}{r^2}$	定义 $E=\dfrac{kQ}{r^2}$
$F=mg$	$F=Eq$
g 代表距离地心为 r 处的引力场强度	E 代表距离电荷 Q 为 r 处的电场强度
定义 $g=\dfrac{F}{m}$	定义 $E=\dfrac{F}{q}$

用引力场类比方法引入电场强度概念，符合逻辑学中的类比推理，是通过两个或两类研究对象进行比较，找出它们之间的相同点和相似点，并以此为根据，把其中某一个或某一类对象的有关知识和结论，推移到另一个或另一类对象上，从而推出它们也可能有相同或相似的结论的一种逻辑推理和研究方法，是对学生以往知识的灵活应用。用类比引力场强度引入电场强度概念，符合中学生思维发展规律，起到了承前启后、拓展思维的作用，使学生能够触类旁通。类比法能赋予电场强度间接的直观形象，把研究对象具体化、形象化，帮助学生有效地理解概念，发展智力，培养能力。

当然用类比法引入电场强度也有一定的局限性。首先，学生必须对引力场的知识比较熟悉，而且要熟悉引力场中的引力场强度这个概念，这样才能顺利地类比到电场中来。如果在高一的教学中没有涉及引力场强度，那么这种引入方法就不可行了，让学生新建立引力场强度，再类比电场强度，两个新的概念一起学习，理解起来会更难，也更容易混淆。

三、基于归纳推理，通过库仑定律引入电场强度

库仑定律定量反映了真空中点电荷间相互作用的规律，是电学的基础知识，其表达形式是 $F=\dfrac{kQq}{r^2}$。许多教师在引入电场强度概念时会从这里寻求突破口。首先，教师可以创设情境：真空中，在离点电荷 Q 的距离为 r 处放置一个正试探电荷 q_1，求试探电荷的受力大小和方向；如果把试探电荷的电荷量变成 q_2，情况如何？如果把试探电荷的电荷量变成 q_3，情况又如何？教师在黑板上编制如下的表格，给学生一定的时间，让他们填写相应的内容（见表2）。

表2

电荷	q_1	q_2	q_3	共同点	场强
库仑力	$F_1=\dfrac{kQ}{r^2}\cdot q_1$	$F_2=\dfrac{kQ}{r^2}\cdot q_2$	$F_3=\dfrac{kQ}{r^2}\cdot q_3$	$\dfrac{F_1}{q_1}=\dfrac{F_2}{q_2}=\dfrac{F_3}{q_3}=\dfrac{kQ}{r^2}$	$E=\dfrac{F}{q}$

通过比较，学生很容易发现它们的相同点，即 $\dfrac{F}{q}$ 是一个不随着试探电荷变化而变化的量，而且这个量只和原来的点电荷 Q 有关。这个时候教师就可以顺势引出点电荷场强的概念 $E=\dfrac{kQ}{r^2}$，并说明公式的适用条件，在学生掌握点电荷场强的基础上归纳出一般场强的概念 $E=\dfrac{F}{q}$。

通过库仑定律引入电场强度概念，属于逻辑学中的归纳推理，是以特殊的点电荷电场为前提推出一般性的电场强度概念，即从特殊过渡到一般。这种引入方法符合学生的认知规律，基于学生刚刚学习了库仑定律，无论是记忆还是理解都比较深刻，由此引出场强的概念没有思维障碍，学生很容易接受。但是这种引入方式是从特殊结论推理到一般结论，对于推理结论的适用条件和原结论之间没有继承性和必然性，需要进一步说明和解释。

四、结语

引入电场强度的概念有多种不同的方式，每种方式都有其合理性和局限性。不同的引入方式在效果上因人而异，教师要想得到满意的效果，还要充分考虑学生的实际情况，了解学生学习的思维过程，以及学生的过往知识储备。只有做好充分的准备工作，挑选最适合的引入方法，才能使这个概念顺利地被学生理解。

参考文献

［1］侯晓灿.关于电场强度概念教学的引入［J］.物理通报，2013（10）.

［2］郑和钧，邓京华.高中生心理学［M］.杭州：浙江教育出版社，1993.

新课程理念下，信息技术与高中物理 实验教学整合

中山市第一中学　荣　斌

随着各个学校信息化水平和教师利用信息技术能力的不断提高，以计算机为核心的信息技术已经深入到学校教育的各个领域，也为物理学科教学模式的变革和发展提供了前提和便利。物理学是一门构建在实验基础上，研究物质结构及其运动规律的学科，实验教学贯穿了物理教学的整个过程。新课程标准明确要求，大力促进信息技术与学科课程的融合，逐步实现教学内容的呈现方式、学生的学习方式、教师的教学方式和师生互动方式的变革。因此，进行高中物理实验教学与信息技术有效整合的探索研究，对实践物理学科新课程改革具有重要的先导作用。

一、信息技术与物理实验教学两种整合模式

物理是一门以实验为基础的学科，教师的演示实验和学生的分组实验是实验教学的两个重要组成部分，这些实验的完成质量在某种程度上决定了物理教学的整体效果。随着教学改革的不断深入，教师对实验在能力、方法、情感等综合科学素质教育中的重要作用的认识不断提高。在各种实验的不同环节，信息技术都能发挥其独特的作用，充分满足各个方面的需求。

1. 信息技术作为演示实验讲授平台

信息技术作为演示实验讲授平台是信息技术用于高中物理实验教学最广泛的形式，是整合最基础的层次，也是传统实验教学模式的延伸。中学物理有

很多的演示实验，通过这些实验可以帮助学生建立物理模型、认识物理过程、掌握基本概念和规律。但由于中学实验仪器的精度和实验环境的限制，其中相当一部分实验现象不明显、可操作性差、可见度和重复度很低，实验效果并不尽如人意，无法让全体学生同时获得有效的感官刺激并形成直观认识，达不到教学要求。这时通过信息技术平台以图片、录像或者多维动画的形式，进行信息处理和图像输出，对实验结果进行微观放大、宏观缩小、动态变慢、瞬间定格，让学生清晰地获取有用信息，形成鲜明的感性认识，有效地弥补课堂演示的不足，提高物理实验的演示效果。

例如，在讲解"生活中的向心力"时，学生对火车转弯模型普遍没有认识。我通过展示车轮结构的照片，使学生对车轮和轨道的相互作用形成直观感受；通过播放火车转弯时的动态录像，引导学生思考转弯路段铁轨铺设的科学道理，其中车轮与铁轨挤压产生的火花和刺耳的摩擦声，使学生受到强烈的感官刺激。又如，重核裂变在现实生活中不能直接再现，我通过制作动画，演示核裂变的具体场景和链式反应的形象过程。链式反应持续进行后原子弹爆炸的场面给学生留下了深刻印象，加深了学生对反应条件的认识，达到了非常好的教学效果。

2. 信息技术作为科学实验探究平台

新课程标准强调学生探究新知的经历和获得新知的体验，实现结果和过程的并重，提高学生的科学素养。探究实验的特点要求教师要改变以往的教学策略，构建新型的实验教学模式。探索性实验的主体是学生，由学生自己动手，在实验过程中，认识到这些物理实验反映的物理本质，从而形成正确的物理概念，建立正确的物理规律。信息技术与物理实验教学的整合不只是把它作为多媒体展示工具来使用，更重要的是把信息技术作为学生自主实验技术支持的工具和信息加工的工具。

计算机仿真实验是随着计算机软、硬件技术发展而产生的新型实验方法，能够逼真地模拟实验仪器的测量特性，符合实验规律，突破了实验室仪器设备的限制，扩大了实验范围，拓宽了学生的实验操作范围，增强了学生的实验兴趣和教师的实验教学水平与效果。例如，在电学传统实验中，学生在完成仪器连接后需要教师进行检查，防止错误接法对仪器的损害。学生的操作错误经过矫正后也不能形成深刻有效的刺激，这时可以通过电路仿真软件让学生练手，让他们在虚拟环境中独立操作，观察所发生的各种现象。这样既可以保护仪器，也能够保护学生的积极性，培养学生的创造性。在电学仿真实验中，学生在前端（屏幕界面）完成仪器种类和数量的选择、参数的确定和电路连接，后台（计算机内部）按照电路运行规律进行科学计算并反馈到仪器读数中，实验过程和结果与真实实验非常接近。仿真实验可以使学生充分感受科学探究的乐趣，充分发挥他们的主动性和积极性。

现代传感器已广泛进入中学物理实验室，成为信息技术与物理课程整合、教育手段现代化的一个突破口，对激发学生学习科技的兴趣，提高综合素质和发展创新思维有着重要的作用。传感器替代了传统的测量仪器，能够完成各种物理量数据的测量、采集，并把这些海量数据传给计算机，完成计算和分析，然后以图表等直观形式呈现给学生。在新课程改革中，我们注重通过实验再现科学发现的过程，从而让学生亲历"现象猜想—实验规划—操作验证—结论归纳"的科学探究过程，初步掌握科学研究的方法。种类繁多的传感器增强了学生的实践体验，提高了探究过程的实效，扩大了探究范围。信息化的实验手段可以拓展学生探究日常生活中物理现象的能力，激发学生的探究欲望。

二、信息技术与物理实验教学整合的实践

目前，全国各地的学校都在积极地进行信息技术与课程整合的实践。信息技术与物理实验教学的整合要根据教学内容的需要和学生发展的需求，辩证地分析信息技术实施过程中的优势和不足，趋利避害，追求信息技术在教学中的最大实效。

不久前，我在讲授"平抛运动"时提到平抛物体的轨迹是抛物线，课后不少学生提出设想：理论计算表明平抛轨迹是抛物线，但理论的基础是平抛运动的合成和分解。如果能够计算抛体的轨迹，那不也可以验证平抛运动分解的合理性吗？对于学生的创新设想，我给予极大的肯定，鼓励他们尽快拿出实验方案。通过交流和讨论，他们把这个问题分解成两个部分来完成：一是通过传统实验确定平抛运动的轨迹；二是根据轨迹确定抛物线方程，但没有行之有效的简便方法。通过引导，他们掌握了利用计算机进行数值拟合的方法，顺利地解决了问题。于是，我将参与探究的学生分成两部分：一部分学生动手实验，测定平抛物体的轨迹点；另一部分计算机基础好的学生确定具体的拟合方法，

编制计算机程序。他们利用Excel的自动计算和作图功能，通过调整抛物线方程参数改变抛物线的形状来计算坐标并进行拟合，如图1所示。

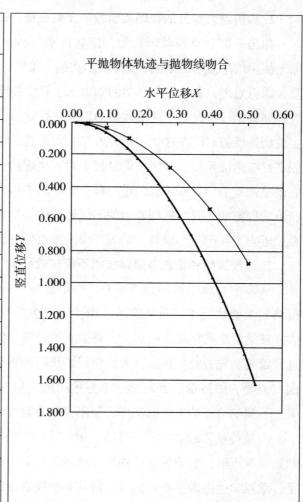

抛物线参数a（可调）		6组	
自变量x	函数值y	实验数据X	实验数据Y
0.01	0.001	0.05	0.01
0.04	0.010	0.10	0.03
0.07	0.029	0.20	0.14
0.10	0.060	0.30	0.31
0.13	0.101	0.40	0.56
0.16	0.154	0.50	0.87
0.19	0.217		
0.22	0.290		
0.25	0.375		
0.28	0.470		
0.31	0.577		
0.34	0.694		
0.37	0.821		
0.40	0.960		
0.43	1.109		
0.46	1.270		
0.49	1.441		
0.52	1.622		

平抛物体轨迹与抛物线吻合

水平位移X

竖直位移Y

图1

在图1中，当调整参数a=3.5时，粗线代表的抛物线方程和细线代表的测量坐标值完美地拟合在一起。通过多次重复实验，证明了平抛物体的运动轨迹的确是抛物线，还通过抛物线方程中参数a与初速度的关系，顺利地求出了平抛初速度。

三、信息技术与物理实验教学整合中存在的问题

1. 当前绝大部分的物理实验教学还处在整合的低级阶段

相当一部分物理教师认为，信息技术与实验学科的课程整合就是在实验课上使用信息技术，如制作PPT演示文稿、编辑Word文档，就可以提高实验课堂、课后效率，有效提高学生的知识水平和实验能力。在这种情况下，教师预先规划教学过程，学生按照教师的思路进行学习，被动地接受教师的传授，学生的创造性被封闭在这个闭环之外。久而久之，学生学习的主动性、积极性和创造性被消磨殆尽。其实，信息技术对于物理教学只是起到辅助工具的作用。它既是课堂主导者——教师进行科学引导的工具，又是课堂的主体——学生进行科学探究的工具。教师要做的不仅是抓住课堂教学的重难点，更重要的是以最贴近青少年学生思维特征的方式将重难点呈现出来。

2. 传统实验和信息多媒体技术不能有效平衡

从高中物理学科的特点来看，以信息技术为核心的模拟仿真实验、先进传感器实验代替不了传统实验。由于高中生本身的认知特点，传统的实验方式能够给学生更加真实的感受，再逼真的模拟、仿真都无法和真实的实验体验过程媲美。先进的传感器极大地增强了我们的测量能力，拓宽了我们的测量范围，但是它的测量过程对学生不是透明的，呈现给学生的就是最终的测量结果，不利于培养学生正确选择、使用仪器的能力和实验操作、观察的能力。

但是传统实验存在以下不足：由于高中实验室仪器等级普遍较低，测量结果精度不够；实验仪器量程小，测量范围小；实验仪器种类少，测量能力不足；重视学生完成实验的能力，轻视学生规划设计实验的能力等。信息技术实验则正好相反，通过模拟、仿真实验，学生可以避开实验室的各种安全规则，大胆尝试，努力创新；先进传感器实验测量的数据量大，计算、描点、作图交给计算机完成，学生的主要任务是对实验方案再规划，对实验结果的探究分析和推测结论；实验教学侧重培养学生对知识和规律的探求能力、数形结合能力和物理建模能力。

因此，我认为，时代呼唤物理实验教学模式的变革，信息技术给教师的教学和学生的学习带来很多有益的、根本性的变化，但传统的实验教学也不能退出历史舞台。学生只有经过传统实验的打磨，才能体验先进技术应用到实验

过程中的真实感，两者可以取长补短，相得益彰。

四、结语

新课程改革突出强调信息技术与课程的整合，当然也包含与实验教学的整合。整合过程并不是将信息技术简单地应用到教学过程中，而应该是一种高层次的融合。新课程标准变革的不仅仅是教学工具和教学手段，更重要的是倡导自主探究和主动学习的理念。在这个过程中，我们应该充分利用信息技术的便利性和先进性，创设学生的自主学习环境，引导学生利用信息技术创造性地解决各种物理问题，从而掌握科学探究的基本方法与过程。

高中物理精品课程开发的实践与反思

中山市第二中学　黄德斌

市物理精品课程建设工程为我们年轻教师的成长搭建了一个很有效的平台。本人积极参与，主持完成了高中物理精品课程模块"电磁感应"（粤教版选修3–1第一章）的开发建设。该课程获得了市精品课程的最高奖——入围奖。通过精品课程建设，我感到自己的精品课程意识和精品课程开发能力、物理教学能力、课堂教学的艺术性、将多媒体技术和物理教学整合的能力等都得到了很大的提升。下面结合模块的开发过程和教学实践，谈谈我参与精品课程开发的体会和感想。

一、通过集体备课、讨论与交流，我的课程意识得到提高

精品课程的开发是一项繁杂的系统工程，必须整合包括先进的课程理念、优秀的教师队伍、优质实用的课程资源、精当的教学方法和手段、精细的教学管理、精准的教学评价、精彩的教学实录等在内的高品质课程框架系统。现行课程从设计到实施，经历了从课程决策者、编制者到教师和学生各级主体的多种转化。从课程实施层面来讲，教师是课程最终的设计者、开发者和实践者。为此，我组织学校物理科组的骨干教师，成立了精品课程建设小组，对"电磁感应"这一模块的内容按照教学章节分工，完成有关精品课程内容的设计，定期开展小组交流研讨会，进行集体备课，集中小组成员的智慧，打造精品课程。

像我这种刚参加工作不久的新教师，往往对教材比较依赖，在进行备课时通常局限于对某一节课的微观设计，很难站在全章、整本书，甚至整个高中

物理课程的高度去进行课程内容的分析和教学设计。在开发精品课程资源的过程中，我对集体备课和教材分析等方面有了更进一步的认识。

我觉得要开发出优质的课程资源，单靠某个教师的个人经验和教学是难以完成的。在学校以科组或备课组为单位开展集体备课可以很好地突破教师个体经验的局限性，有经验的优秀教师能给年轻的教师一些很好的建议，这样可以准确地把握上课内容的重点和难点，进行有效的教学设计。精品课程资源的其中一个环节是模块的整体规划。通过对课程某一模块的整体设计和规划，通过集体备课活动，我的课程意识不断得到提高。在平时的教学实践中，我学会了站在课程设计的高度，分析某一章或某一模块的知识在高中物理课程中的地位，并与学生的具体情况进行有效整合，进而进行整体设计。

二、通过撰写课堂教学实录，我的课堂提问能力和驾驭课堂的能力得到提高

课堂教学实录是精品课程资源的一个重要构成要素，在进行精品课程的开发之前，我很少根据平时自己上课的情况在课后撰写课堂教学实录，觉得写课堂教学实录不如写教学反思。在开发"电磁感应"这一模块的精品课程资源的过程中，我写的第一篇课堂教学实录是第一章的第三节——"探究感应电流的方向"上课的实录。写完之后我发现，写课堂教学实录比写教学反思更能促进新教师的成长。课堂教学实录可以让上课的教师重现自己在上课过程中的每一个细节的教学情况，包括每说一句话时语言组织的情况。而教学反思往往写的是对整节课或上课过程中某一环节的反思。

下面以"探究感应电流的方向"（第1课时）为例，引入部分课堂教学实录。

"探究感应电流的方向"课堂教学实录

师：上课。

生：老师好！

师：同学们好！请坐。

教学过程：

创设情境，引导学生回顾感应电流产生的条件，同时引入新课题（用时5分钟）。

师：同学们，请先观察一个有趣的现象。这是一个线圈，与电源相连，还有一个铝环，把它套在铁棒上。线圈通电后会有什么现象发生呢？（倒数3秒，按下电源开关，看到线圈跳起来了。）

师：线圈为什么会跳起来？（学生思考3秒钟，有的开始自由发表意见。）

师：再来看，两个铝环，一个闭合，一个不闭合，放在支架上，用磁铁分别靠近和远离这两个环会有什么现象呢？（磁铁靠近不闭合的环，没有明显的现象发生；磁铁靠近闭合的环，看到环转动。）

师：为什么磁铁靠近时，断开的环不动，而闭合的环转动？（找一个学生回答。）

生：穿过闭合铝环中的磁通量变化使环中产生了感应电流，感应电流又会产生一个磁场，与原磁场相互作用。不闭合的铝环即使磁通量变化，也不能形成电流。

师：磁铁靠近时，环要跑，离开时，又跟着来，这又是为什么呢？（再找一个学生回答。）

生：两次产生的感应电流方向不一样。靠近时，穿过环的磁通量增加，离开时减小，两次产生的感应电流方向不一样。

师：那么感应电流的方向与磁通量的变化之间到底有什么样的关系呢？我们这节课就来研究这个问题。

课堂教学实录跟教学设计不一样，它把教师和学生的每一项活动，甚至每一句话都记录下来。我认为对于教师来说，撰写课堂教学实录的过程可以很好地让自己去反思在上课过程中对某个问题的提问方式是否恰当，对学生的某个回答处理得是否恰当，与学生的交流、互动是否有效等问题。例如，上面的例子中，在某一个班试讲时，当提问到铝环为什么跳起来时，由于看到的实验效果很震撼，很多学生都会发表自己的意见，都意识到铝环会产生感应电流，所以跳起来。这时如果教师不用提问的方式加以引导，学生很难想到研究感应电流的方向问题。课堂气氛虽然热闹，但学生很难静下来思考问题。试讲后经过改进，在做完第一个实验后，我先让学生思考几秒钟，然后开始第二个实验，通过我的提问引导，让学生想到穿过环的磁通量增加或减小时，环中产生的感应电流的方向是不同的。

有效的提问是提高课堂效率的一个重要途径。我曾对学生所期盼的物理课堂教学方式进行了这样的调查：

问题：你所期盼的物理课堂的教学方式是（　　　）。

A. 老师讲给学生听，只要不经常提问就行

B. 课堂上讲重点内容，老师有时用提问的方式

C. 老师通过实验或题目创设一些情境，提出问题，师生、生生共同讨论

调查结果如图1所示，这说明多数学生还是乐于在老师创设的问题情境中学习的。通过撰写课堂教学实录，对上课过程和上课语言的重现和再思考，我慢慢学会在备课时经常想想这些问题：

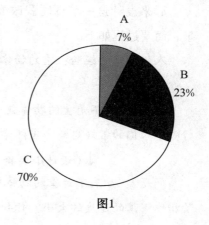

图1

（1）创设一个物理情境的教学目的是什么？

（2）教师的提问要用什么样的语气？

（3）提问后留给学生多长时间思考？

（4）教师的提问是针对一个学生还是针对全班学生？

（5）提问后是要学生齐答还是指定学生回答？

……

在后来的教学实践中，我在备课过程中经常都会去想这样的一些细节，我发现这样做能让教师在上课时很好地控制课堂的气氛，该活跃时活跃，该安静时安静。不断对自己的提问语气和提问方式进行反思和改进，在与学生的交流中，也能经常让学生感觉到老师是以一种师生平等的方式进行交流，从而达到良好的教学效果。

三、通过不断听课和与其他教师的交流，我的课堂调控能力和语言表达的艺术性得到提高

同样的设计，不同的教师执教效果不同。高效生动的课堂是教师教学理念、专业素养、教学技术、教学艺术与学生特征相结合的产物。精品课程追求教学设计的科学化、教学过程的精致化、教学管理的艺术化、教学行为的规范化。在进行精品课程教学实践与研讨完善的过程中，通过成立精品课程建设小组，反复说课、听课、评课，我的教学设计和语言的艺术性也不断得到提高。

下面以《自由落体运动》一节课为例，将我主持精品课程开发前后，教学这一节内容时的设计思想进行对比。

以前，我讲自由落体运动基本上就是介绍概念似的让学生去学习：先讲什么是落体运动，举一些例子，然后讲影响物体下落快慢的因素，接着就讲什么样的运动是自由落体运动，最后介绍落体运动的规律。

后来设计这一节课时我改变了形式，以一连串的问题把整个内容联系起来，简要过程如下。

人们通常的经验：重的物体下落得快（这也是亚里士多德的观点）。

↓（提出问题）

问题1：是不是重的物体就一定下落得快？有没有什么反例？（这个问题打破了人们的常规思维，当然学生也想知道有没有反例，并会积极去寻找。）

↓（设计小实验去验证重的物体不一定下落得快）

问题2：如果不是重的物体就一定下落得快，那么，究竟是什么因素影响了物体下落的速度的大小？你知道吗？

↓（讨论）

问题3：如果没有空气阻力的影响，是不是所有物体下落的情况都一样呢？

↓（牛顿管实验）

问题4：没有空气阻力的影响，所有物体下落的情况都是一样的。那么，它们所遵循的规律又是怎样的？如何去得出物体运动的规律？

一个个不断深入的问题的提出，让课堂的设计更具艺术性，更能抓住学生的注意力，可以激发学生的求知欲，让学生积极主动地参与到学习中来。

四、通过制作、使用课件，深化对现代教学技术的认识，将多媒体技术和物理教学进行整合的能力得到很大提高

在开发精品课程的过程中，我学到不少制作多媒体课件的技巧，走出了一些误区，初步学会了如何合理使用多媒体课件辅助物理教学。

例如，不能用多媒体课件完全代替传统的板书，要在传统板书不能发挥或者难以发挥作用的地方，适当运用课件。譬如，我在执教《产生感应电流的条件》一节课时，为了让学生更形象地理解磁铁插入线圈或从线圈中拔出来的过程中穿过线圈的磁通量的变化，我使用了课件。在磁铁周围用磁感线来表示

磁场，让学生观察时看到磁感线进入线圈或离开线圈的动态过程，这样学生就更容易理解穿过线圈的磁通量的变化，而传统的板书只能画出静态的图片。

　　高效课堂离不开各种教学方法和手段的有机整合。精品课程是高效整合教学方法和手段，提高教学效果的典范。在精品课程开发的过程中，我逐渐学会了有效整合各种资源以及多媒体课件、学案、实物投影、板书等教学手段，提高了课堂的教学效果。

参考文献

　　［1］施良方. 课程理论：课程的基础、原理与问题［M］. 北京：教育科学出版社，1999：l45-147.

一个非常有用的推论

——弹力做功为零

中山市第一中学　许旭旭

在《中学物理》2012年10月第30卷第19期中，有一篇论文《用受力分析图分析光滑斜面滑块下滑问题》，该论文对滑块和斜劈的加速度进行了深入分析。这类题的一个难点是，对滑块或者斜劈而言，弹力是否做功？对系统而言，弹力是否做功？很多辅导资料都涉及对该知识点的考查。如下题目的讨论与推论希望对学生高三复习有所帮助。

如图1所示，一个质量为M倾角为θ的光滑斜面，放置在光滑的水平面上。另一个质量为m的滑块从斜面顶端释放，问：弹力对系统是否做功？

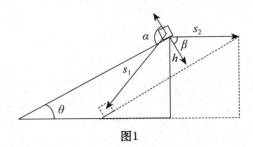

图1

解析：小球和斜劈受到相互作用的弹力分别为N_1和N_2，对小滑块而言，下落过程中，除重力做功外，弹力也做功。

$W_{N_1}=N_1s_1\cos\alpha=-N_1h$（负功，$h$为初末状态的斜面的间距），对斜劈而言，只有弹力做功，$W_{N_2}=N_2s_2\cos\beta=N_2h$（正功），因为$N_1$和$N_2$是相互作用力，故$N_1=N_2$。因此$W_{N1}+W_{N2}=0$，即对系统而言，弹力做功之和为零。这个结论的应用范围很广：

滑块与斜劈组成的系统，滑块与圆弧轨道组成的系统，用轻质细绳连接的小球和小车组成的系统，用轻质杆连接的小球组成的系统等等。

上题中，对小滑块的动能定理：$W_G+W_{N1}=\frac{1}{2}mv_1^2-0$；对斜劈的动能定理：$W_{N2}=\frac{1}{2}Mv_2^2-0$；对系统动能定理：$W_G+W_{N1}+W_{N2}=\frac{1}{2}mv_1^2+\frac{1}{2}Mv_2^2-0$，即 $W_G=\frac{1}{2}mv_1^2+\frac{1}{2}Mv_2^2$。对系统而言，弹力做功之和为零，只有重力做功，故系统机械能守恒。

为加深学生对该知识点的认识，特出以下典型例题。

【例1】如图2所示，在光滑的水平面上放置一辆质量为M的小车，小车上有一个半径为R的1/4光滑的弧形轨道。设有一个质量为m的小球，以v_0的速度，水平向左沿圆弧轨道向上滑动，恰到达圆弧形轨道最高点，试求小球的初速度v_0。

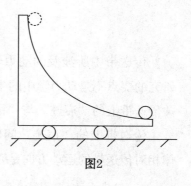

图2

解析： 因小车动能变大，故弹力对小车做正功。同理，弹力对小球也做功（负功）。但是对小球和小车组成的系统而言，弹力做功之和为零，只有重力做功。设小球到达圆弧形最高点时共同速度是v，系统水平动量守恒：$mv_0=(m+M)v$，根据系统动能定理：

$$-mgR=\frac{1}{2}(m+M)v^2-\frac{1}{2}mv_0^2，得v_0=\sqrt{\frac{M+m}{M}2gR}。$$

【例2】如图3所示，半径为R的光滑圆轨道竖直放置，长为$2R$的轻质杆两端各固定一个可视为质点的小球A，B，把轻质杆水平放入圆形轨道内，若$m_A=2m$，$m_B=m$，重力加速度为g。现由静止释放两球，当轻质杆到达竖直位置时，求A，B两球的速度大小。

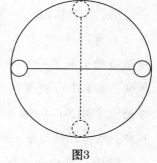

图3

解析： 因B球动能变大，故弹力对B做正功，同理，弹力对A做负功，但对A，B两球组成的系统而言，弹力做功之和为零，只有重力做功，根据系统动能定理：

$$m_AgR-m_BgR=\frac{1}{2}(m_A+m_B)v^2，得v=\frac{\sqrt{6gR}}{3}。$$

浅谈传送带中的"痕迹"与
"相对位移"的关系

中山纪念中学　杨立楠

　　传送带中所涉及的动力学问题是高中物理中经常考的题型之一。本文想研究的要点不是动力学中的牛顿运动定律的应用，而是在这个基础上引发的有关传送带上的"痕迹"与"相对位移"的关系。

　　传送带上的"痕迹"问题涉及物体在传送带上实际运动的具体情况，物体相对传送带的运动方向是否发生改变，直接影响到"痕迹"的长度。

一、"痕迹"有的时候就是"相对位移"的大小

　　如果物体相对于传送带的运动方向没有发生改变，那么显然物体在传送带上留下的"痕迹"就是"相对位移"的大小。这时候，只要我们转换参考系，求出物体相对传送带的位移，就是物体在传送带上留下的痕迹。下面通过一道例题来具体说明一下。

　　【例1】 如图1所示，水平传送带总是以2m/s的速度按顺时针方向运行，在传送带的右端有一个物体以2m/s的速度滑上传送带，物体与传送带的动摩擦因数$\mu=0.5$，传送带的水平距离$l=0.5$m。在物体脱离传送带的过程中，物体在传送带上留下的痕迹有多长？

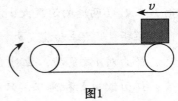

图1

　　解析： 对物体进行受力分析，根据牛顿第二定律，物体在传送带上的运动是相对地面向左匀减速运动直至速度为零，发

生的位移$s=\dfrac{v^2}{2a}=0.4\text{m}$。由于$s<l$，接下来向右匀加速运动直至脱离传送带。在物体运动的过程中，如果选传送带为参考系，则物体相对传送带始终向左运动，因此物体在传送带上留下的"痕迹"就是物体相对传送带的"相对位移"。以传送带为参考系，物体的初速度为$v_0=4\text{m/s}$，方向向左；物体的加速度大小$a=5\text{m/s}^2$，方向向右。由运动学公式$v=v_0+at$可得，$0=4-5\times t$，物体运动的时间$t=0.8\text{s}$，物体相对位移$s=v_0t+\dfrac{1}{2}at^2=4\times0.8-\dfrac{1}{2}\times5\times0.8^2=1.6\text{m}$，即物体在传送带上留下的痕迹就是$s=1.6\text{m}$。

二、"痕迹"有的时候不是"相对位移"的大小

如果物体相对传送带的运动方向发生了改变，那么物体就会在已有的"痕迹"上继续运动。这时，物体在传送带上留下的"痕迹"就和"相对位移"有所不同了。下面还是通过一道例题来具体说明一下。

【例2】 如图2所示，传送带与水平地面夹角$\theta=37°$，并以10m/s的速度向下运行，在传送带的A端轻轻放一个小物块，已知小物块与传送带之间的动摩擦因数$\mu=0.5$。传送带顶端到底端的距离$x=16\text{m}$，则小物块从A端滑到B端的过程中，小物块在传送带上留下的痕迹有多长？

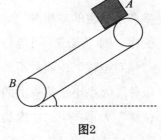

图2

解析： 由于传送带向下运动，由受力分析可知，开始时，小物块受到的摩擦力沿传送带向下，根据牛顿第二定律可知，小物块刚开始的加速度$a_1=\dfrac{mg\sin\theta+\mu mg\cos\theta}{m}=10\text{m/s}^2$，小物块加速到与传送带运行速度相同时需要的时间为$t_1=\dfrac{v}{a_1}=1\text{s}$。在这段时间内，以地面为参考系，小物块沿传送带下滑的距离为$x_1=\dfrac{1}{2}a_1t_1^2=5\text{m}$，由于$\mu<\tan\theta$，此后小物块沿传送带加速下滑时，小物块受到传送带的摩擦力方向沿传送带向上，加速度$a_2=\dfrac{mg\sin\theta-\mu mg\cos\theta}{m}=2\text{m/s}^2$，小物块从该位置起到运动到$B$端的位移为$x_2=x-x_1=11\text{m}$，由运动学公式$x_2=vt+\dfrac{1}{2}a_2t_2^2$可得，所用的时间$t_2=1\text{s}$。如果以传送带为参考系，小物块开始的运动相对传送带是向上匀减速运动，当速度与传送带速度相同时，小物块相对传送带向下做匀加速

运动，滑到底端的过程中相对传送带的运动方向发生了改变。也就是说，小物块后面的运动是在已有的痕迹上运动了一段时间。本题中，以传送带为参考系，小物块第一阶段的运动在传送带上留下的痕迹是 $\Delta s_1 = vt_1 + \dfrac{1}{2}a_1t_1^2 = -10 \times 1 + \dfrac{1}{2} \times 10 \times 1^2 = -5\text{m}$。第二阶段的运动相对传送带发生的位移为 $\Delta s_2 = \dfrac{1}{2}a_2t_2^2 = 1\text{m}$，则第二阶段的运动是在原有痕迹上滑行了 1m，因此，在整个运动过程中痕迹的长度为 $l=5\text{m}$，即为第一阶段的"相对位移"大小。

如果本题中传送带的长度改为 $x=44\text{m}$，小物块从该位置起到运动到 B 端的位移为 $x_2 = x - x_1 = 44 - 5 = 39\text{m}$，由运动学公式 $x_2 = vt_2 + \dfrac{1}{2}a_2t_2^2$ 可得，所用的时间 $t_2 = 3\text{s}$。则小物块第一阶段的运动在传送带上留下的痕迹仍然是 $\Delta s_1 = vt_1 + \dfrac{1}{2}a_1t_1^2 = -10 \times 1 + \dfrac{1}{2} \times 10 \times 1^2 = -5\text{m}$，第二阶段的运动相对传送带发生的位移为 $\Delta s_2 = \dfrac{1}{2}a_2t_2^2 = 9\text{m}$。因此，在整个运动过程中痕迹的长度为 $l=9\text{m}$，即为第二阶段的"相对位移"大小，而并不是整个运动过程中的"相对位移"。

从上面的两道例题分析可以看出，当物体在传送带上运动时，如果以传送带为参考系，物体的运动方向没有发生改变，则"痕迹"就是以此传送带为参考系发生的"相对位移"；如果以传送带为参考系，物体的运动方向发生了变化，则"痕迹"可能是第一次发生的"相对位移"，也可能是第二次发生的"相对位移"，而并不是整个运动过程中的"相对位移"。当第二次的"相对位移"大小小于第一次的"相对位移"大小，则"痕迹"就是第一次的"相对位移"大小；当第二次的"相对位移"大小大于第一次的"相对位移"大小，则"痕迹"就是第二次的"相对位移"大小。

有了上面的结论，我们就很清楚"痕迹"与"相对位移"的关系了。上面的两道题目就可以通过物体的速度与时间的图像来求解。

【例1】物体的速度与时间的图像如图3所示，由于物体相对传送带始终向同一方向运动，则物体在传送带上留下的"痕迹"就是以传送带为参考系，物体发生的"相对位移"，即阴影部分的面积就是物体的"相对位移"，同时也是"痕迹"。

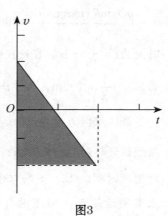

图3

【例2】物体的速度与时间的图像如图4所示，以传送带为参考系，物体第一次相对传送带向上运动，第二次相对传送带向下运动，通过计算，第一次的"相对位移"Δs_1=5m，第二次的"相对位移"Δs_1=1m，第二次的"相对位移"小于第一次的"相对位移"，也就是说物体第二次在"痕迹"上滑了一段。根据上面得出的结论，第一次发生的"相对位移"就是物体在传送带上留下的"痕迹"，即阴影部分的面积就是物体的"相对位移"，但不是"痕迹"。

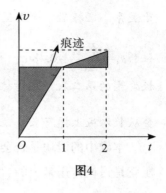

图4

三、"痕迹"与"相对位移"的关系在滑块与木板模型中的应用

其实，动力学中的滑块与木板模型与物体在传送带上的运动有相似之处，上面的结论也可以用到滑块与木板模型中。

【例3】如图5所示，一个质量M=2kg的长木板放在光滑的水平地面上，在长木板上方的最右端固定一个竖直挡板，木板长l=0.36m，在长木板左端处有一个小滑块m=2kg，以初速度v_0=2m/s滑上长木板，滑块与长木板之间的动摩擦因数μ=0.1，假设滑块与竖直木板条发生碰撞时无机械能损失，滑块与长木板发生碰撞后是否会从长木板上掉下来？

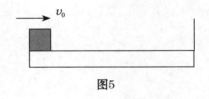

图5

解析： 根据受力分析可知，滑块和长木板的加速度a=1m/s^2，二者发生碰撞前木块发生的位移$s_1=v_0t-\frac{1}{2}at^2$，长木板发生的位移$s_2=\frac{1}{2}at^2$，"相对位移"$\Delta s_1=v_0t-at^2=t$，解得t=0.2s。碰撞时滑块的速度$v_1=v_0-at$=1.8m/s，长木板的速度$v_2=at=0.2$m/s。由于二者发生了弹性碰撞，根据动量守恒得$mv_1+Mv_2=mv_3+Mv_4$，碰撞时无机械能损失，则$\frac{1}{2}mv_1^2+\frac{1}{2}Mv_2^2=\frac{1}{2}mv_3^2+\frac{1}{2}Mv_4^2$，可得$v_3$=0.2 m/s，$v_4$=1.8m/s。碰撞前，滑块相对长木板向前运动，碰撞后滑块相对长木板向后运动，因此相当于滑块在之前的"痕迹"上滑行了一段。滑块是否会掉下来，取决于第二次发生的"相对位移"与第一次"相对位移"的大

小关系。碰撞后二者共同的速度 $mv_0=(m+M)v_5$，解得 $v_5=1\text{m/s}$，滑块发生的

位移 $s_3=\dfrac{v_5^2-v_3^2}{2a}=0.48\text{m}$，长木板发生的位移 $s_4=\dfrac{v_5^2-v_4^2}{2a}=-1.12\text{m}$，滑块相对长木板发生的第二次"相对位移"大小 $\Delta s_2=s_4-s_3=0.64\text{m}$。因为 $\Delta s_2>\Delta s_1$，所以滑块会从长木板上掉下来。

　　本题中的滑块是否会从长木板上掉下来，其实质就是讨论传送带上的"痕迹"与"相对位移"的关系。

　　二者的速度时间图像如图6所示。

　　处理传送带中的"痕迹"问题，关键在于通过运动情况的具体分析，辨析清楚物体相对传送带的运动方向是否发生改变，从而确定"痕迹"与"相对位移"的关系。同时通过转换参考系，借助物体的速度与时间图像求出相对应的"相对位移"与"痕迹"。

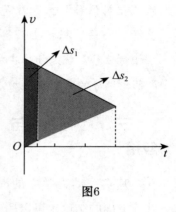

图6

基于新课标的2018年高考物理试卷分析（全国I卷）

中山市华侨中学 张 黎

本文简析了2018年普通高等学校招生全国统一考试理科综合物理试题特点，并从《普通高中物理课程标准（2017年）》和《2018年全国新课标高考物理考试大纲》的视角分析了试题。

一、试题的命题背景与指导思想

2017年，十九大报告指出，要"全面贯彻党的教育方针，落实立德树人的根本任务，发展素质教育，推进教育公平，培养德智体美全面发展的社会主义建设者和接班人"。而基础课程承载着党的教育方针和教育思想，是国家意志在教育领域的体现，在立德树人方面发挥着关键作用。高考是检验育人效果和国家选拔人才最重要的一次考试。2018年全国I卷物理符合《2018年全国新课标高考物理考试大纲》的要求，体现了《普通高中物理课程标准（2017年）》的课程理念。

考纲要求着重考查学生的知识、能力和科学素养，注重理论联系实际的能力，激发学生学习科学的兴趣，培养学生实事求是的态度，使学生形成正确的价值观，并着重对学生的物理学科核心素养进行考查。

二、试题总体分析

2018年是广东省回归全国卷的第三年，我们可以明显感到这三年试题难度在逐步下降，题型比较常规，没有出现偏题、怪题、难题；试卷内容和结构合理，注重考查学科主干知识，考查方式灵活多变，尤其注重对基本物理原理的考查。选择题整体难度降低，21题难度降低最明显；实验题23题相较去年难度降低明显，23、24题难度依然保持了一定梯度，题型设计新颖；计算题难度降低，特别是25题难度降低幅度较大；选考题难度与往年持平。尽管整体难度降低，但题型依然设计新颖，层次分明，区分度相当，对绝大部分考生能进行有效的区分。特别要指出的是，2018年考题没有明显具有挑战性的题目，也没有计算量大的题目，更加突出了物理课程的学科基本理念和学科核心素养。

1. 试卷结构特点见表1

试卷结构特点见表1。

表1

模块	试题号	分值
必修一	14，15	9
必修二	14、18、20、24（1）	20
选修3-1	16、19、21、25	35
选修3-2	17，19	9
选修3-5	24（2）	7
选修3-4	33	15

2. 试卷题型特点

突出物理学科素养，降低情境复杂程度，淡化数学计算，是2018年考题最大的特点。各题充分体现了课程对物理观念、科学思维、科学态度与责任的考查。虽然有梯度，但并不过分追求数学计算量与物理模型的复杂性。整套试题阅读量与往年相当，对审题的要求不太高，计算量不大。选择题16、17、18涉及简单的计算，实验题计算也很小，也没有估算类问题，24、25题解方程的难度也比较小。整套试题全部是基础题与中等难度题目的组合，没有难题。相较于2017年全国Ⅰ卷的21题，2018年的选择题压轴题不难，实验题无论是物理模型还是数学计算，都降低了不少难度，而25题是难度降低最明显也是最大的题。2017年全国Ⅰ卷25题广东省没有一个满分，但我们预测2018年的25题满分率应该会相当高。

试题理论与实际联系紧密，强调应用性，能激发学生兴趣。20题利用万有引力定律解决双星问题，紧密联系了最近重大的物理学前沿事件——引力波的发现。2017年9月，科学家观测到宇宙中两个中子星合并时产生引力波，证实了爱因斯坦对引力波的预言；同年10月，诺贝尔物理学奖授予发现引力波的科学小组；24题烟花在空中爆炸的模型更是生活中一个常见的情景。这些问题要求学生对这些情景非常清楚，能建立物理模型，能找到相关物理量的关联。

试题紧扣考纲，注重对基本物理知识、基本物理原理、基本物理能力的考查。选择题14、15、16题，实验题22题，计算题24、25题均以考查基本物理知识为主。选择题17题考查电磁感应基本原理，学生只有真正理解电磁感应定律才能做出来，否则一味记忆公式是很难答对的。19题考查电流的磁效应与楞次定律、地磁场，情境有所创新。23题实验题创新明显，考查测量电阻的等效替代法，学生只有理解了实验的原理才能很容易地做出来。物理考查的能力包括理解能力、推理能力、分析综合能力、应用数学处理物理问题的能力和实验能力。试题对这些能力的考查体现得非常充分，具体评析见表2。

表2

题型		题号	分值	考点和要求	考查能力	教学建议	难度
选择题	单项选择题	14	6	匀变速直线运动及其公式Ⅱ、动能和动能定理Ⅱ。考查学生建立数学函数模型的能力	理解能力、应用数学处理物理问题的能力	注重基础知识的理解与运用，培养学生用一定的数学方法处理物理问题的能力	★
		15	6	匀变速直线运动及其图像Ⅱ、牛顿运动定律及其应用Ⅱ、胡克定律Ⅰ	理解能力、应用数学处理物理问题的能力	加强学生对基本规律的理解和熟练运用，增强建模能力与理论联系实际的能力和图像处理能力	★
		16	6	库仑定律Ⅱ、力的合成与分解Ⅱ	理解能力、推理能力、应用数学处理物理问题的能力	加强计算能力	★
		17	6	法拉第电磁感应定律Ⅱ	推理能力、分析综合能力	引导学生深入理解基本物理原理与规律，加强审题、情境分析能力的培养	★ ★
		18	6	功能关系、机械能守恒定律及其应用Ⅱ	推理能力、分析综合能力	注重知识的完整性与系统性、综合性，培养逻辑推理能力	★ ★ ★

题型		题号	分值	考点和要求	考查能力	教学建议	难度
选择题	多项选择题	19	6	通电直导线和通电线圈周围磁场的方向 I	理解能力、推理能力	深入理解电磁之间的联系，能对基本规律准确熟练应用	★
		20	6	万有引力定律及其应用 II、双星问题考查学生利用万有引力、向心力知识解决双星问题的能力	理解能力、推理能力、应用数学处理物理问题的能力	培养学生建立物理模型的能力，培养学生理论联系实际的能力	★ ★
		21	6	电势能、电势 I、电势差 II、带电粒子在匀强电场中的运动 II	推理能力、分析综合能力	注重基础性与综合性的训练，培养学生分析综合能力	★ ★
	实验题	22	5	探究弹力与弹簧伸长量的关系	理解能力、实验能力	加强学生对实验数据的处理方法与实验技能（读数、理解原理）的训练	★
		23	10	测定热敏电阻的温度特性	理解能力、推理能力、实验能力	注重实验原理，培养学生审题与常用数据处理（图像、函数）能力	★ ★
	计算题	24	12	抛体运动（竖直方向）II、动量守恒定律及其应用 II	理解能力	强调学生对基本规律和概念要准确、熟练把握，引导学生夯实学科基础	★
		25	20	带电粒子在匀强电场中的运动 II、带电粒子在匀强磁场中的运动 II	分析综合能力，用数学处理物理问题的能力	强调学生对基本物理规律和几何关系要熟练，注重对物理原理的理解，克服畏难心理	★ ★
	选考题	33（1）	5	气体的实验定律 II、理想气体 I、热力学第一定律 I	理解能力、推理能力	注重学生对气体状态方程的理解和读图能力的培养	★
		33（2）	10	气体的实验定律 II、理想气体 I	理解能力、推理能力、分析综合能力	强化基本规律的理解与应用	★ ★

试题加强了对主干知识的考查，但不强求面面俱到。力学和电磁两部分作为高中物理的主要模块，分值占比与往年差别不大，力学部分41分，电磁部分54分，选修部分15分，而近代物理、物理学史、交流电等知识点却并没有考查。往年全国Ⅰ卷往往将25题设定为压轴题，具有一定的挑战性，对学生要求很高，选拔效果非常明显，而且最近几年从未将25题设为带电粒子在电磁场中的偏转类等几何性比较强的试题，往往是以牛顿运动定理为核心的充分体现物理思维的题型。但2018年的25题却是一个看似比较常规的带电粒子在组合场中运动的中等难度的试题。

三、对今后教学的启示

1. 研读新课程标准、考试大纲与考试说明

学习新课程理念与核心素养，关键在于思考如何在教学和备考中充分体现、实践和落实这些理念与目标。要结合考试大纲与考试说明，把握命题的原则与大方向，分析高考题的命题特点、侧重点和热点。平时的教学应该做到有的放矢，主次分明。

2. 重视基础，回归原理，强化应用意识

在新课教学和复习课、习题课中，学生反映出来的普遍问题往往都是基础薄弱的地方，所以对基础的强调无论是在高一、高二还是高三的备考都不为过。重视基础也是重视对基本原理的理解。基本物理原理在新课教学中应该占到相当大的比例和非常重要的位置，而习题的讲解也是为了帮助学生理解与熟练应用原理，特别在高三备考中，练习太多往往冲淡了对原理的理解。例如，对于法拉第电磁感应定律，最原始的表达式是$E=N\dfrac{\Delta\Phi}{\Delta t}$，阐述的意义非常明确，即感应电动势与磁通量的变化率成正比。尽管对于不同情境法拉第电磁感应定律有不同的具体表达式，如$E=BLv$，$E=\dfrac{1}{2}BL^2\omega$，$E=NS\dfrac{\Delta B}{\Delta t}$等，但都是原始定律的推导结论。如果学生能真正理解法拉第电磁感应定律，那么无论具体情境如何变化，学生都可以以不变应万变。这即是物理核心素养中物理观念和科学思维的形成过程。所以在习题讲解与高考的备考中，最后一定要回归到物理原理上，把学生从题海中解救出来，把物理学科的核心素养培养目标贯彻到教学中。同时，在教学中应该重视物理问题与生活实际的结合，物理问题与科

技前沿的联系，突出物理的实用性。

3. 重视物理基本能力的培养

平日的教学应结合具体的章节与题目，要有意识地进行物理方法的渗透和物理能力的培养，突出方法的应用，让学生掌握物理研究思想方法的本质，培养学生灵活运用物理方法、物理思想解决具体问题的意识，在潜移默化中培养学生的物理能力。

4. 加强应试能力与应试技巧的培养

一是对审题能力的培养。要舍得花时间让学生审题，并进行情境分析和模型建立，包括对关键词、题目要求、图形和图像的理解。二是答题规范。题设、已知物理量和自设物理量的处理，写什么，如何写，都要进行强化和规范。三是应试心理、应试策略的培养。包括考试难度突变的应对，还有答题习惯的养成。

对能量类连接体问题的深入探讨

中山市第一中学 李中玉

生活中"能量"一词有着非常广泛的应用。在物理学中，能量的知识和解决问题的方法都有着举足轻重的地位。可以说，能量不仅影响着我们的日常生活，其知识点和求解思路也是历年高考的必考内容。教师和各类参考资料在这方面都非常重视，但有些题目在使用时却需要谨慎，因为物理学是对实际问题的提炼和再现，必须符合客观现实。

我在教学中就遇到这样一道题目，该类题型也见之于其他参考资料中。该题目似是而非的解答，对教师和学生都有着相当不良的影响。我将其整理如下，请各位读者雅正。

【原题】如图1所示，质量为$2m$和m的可看作质点的小球A，B，用不计质量、不可伸长的细线相连，跨在固定光滑圆柱两侧。圆柱截面半径为R。开始时，A球和B球与圆柱轴心同高，然后释放A球，求B球在圆柱上最高点时的速率。

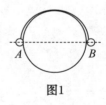

图1

原解析：A，B两球组成的系统机械能守恒，所以

$$2mg \times \frac{2\pi R}{4} - mgR = \frac{1}{2}mv^2 + \frac{1}{2} \times 2mv^2,$$

所以B球在圆柱上最高点时速率$v = \sqrt{\dfrac{2gR(\pi-1)}{3}}$。

该解析是诸多教师、学生和参考资料的解答过程。从该解析用$\dfrac{2\pi R}{4}$，R求解可看出，该解析默认B球在圆柱上的最高点为圆截面顶点。我以为，这是不合理的，因为有可能B球没有上升到圆截面顶点时，已脱离圆柱。为此，应先分析B球脱离圆柱的位置，然后求解B球在圆柱上最高点时的速率。

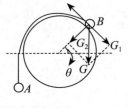

图2

设B球和圆柱截面圆心连线与水平方向夹角为θ时，B球与圆柱间弹力为零。此时对B球进行受力分析，如图2所示。由向心力公式得

$$mg\sin\theta = \frac{mv^2}{R} \qquad (1)$$

从释放A球到B球刚要脱离圆柱时，A，B球组成的系统机械能守恒，故

$$2mg\theta R - mgR\sin\theta = \frac{1}{2} \times 2mv^2 + \frac{1}{2} \times mv^2 \qquad (2)$$

由（1）（2）联立得

$$4\theta = 5\sin\theta \qquad (3)$$

这是一个超越方程，要中学生求解，存在非常大的难度。但对于一个出题者来说却是不可或缺的。我在这里先用作图法，再用半分插值法求解。

1. 粗略分析

在Excel中，θ从零开始每增加20° 描一个点，在同一坐标图中，分别作方程$y=4\theta$和方程$y=5\sin\theta$的图像，它们交点的横坐标就是方程（3）的解，如图3所示。

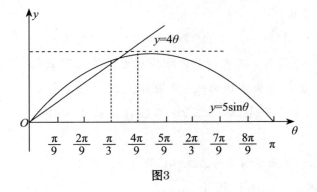

图3

从图3可看出，方程（3）有两个解：一个是$\theta=0$，另一个在$\frac{\pi}{3} \sim \frac{4\pi}{9}$之间。这两个解都小于$\sqrt{\dfrac{2gR(\pi-1)}{3}}$，故原解析不正确。可是，仅这样分析并不能解出最终结果。应怎样才能解出B球在圆柱上最高点时的速率呢？

2. 半分插值法精确求解

为求出最终结果，我采用了半分插值法。该操作依然在Excel中进行，其思路如下：

（1）确定插值前两端数值。首次是$\theta=\dfrac{\pi}{3}$和$\theta=\dfrac{4\pi}{9}$，并求出各自对应的$4\theta-5\sin\theta$的值。

（2）半分插值。求得θ在$\dfrac{\pi}{3}\sim\dfrac{4\pi}{9}$之间的中间值$\dfrac{7\pi}{18}$，以及该中间值对应的$4\theta-5\sin\theta$的值。

（3）确定新的两端数值。比较θ为中间值$\dfrac{7\pi}{18}$时$4\theta-5\sin\theta$的值与$\theta=\dfrac{\pi}{3}$和$\theta=\dfrac{4\pi}{9}$时哪一个$4\theta-5\sin\theta$的值正负号相反，将该θ值与中间值$\dfrac{7\pi}{18}$作为下次插值端点数值。因$\theta=\dfrac{7\pi}{18}$与$\theta=\dfrac{\pi}{3}$的$4\theta-5\sin\theta$的值正负号相反，故$\dfrac{7\pi}{18}$和$\dfrac{\pi}{3}$为下次插值两端数值。

（4）以新两端数值进行半分插值，至所需精度内$4\theta-5\sin\theta$的值等于零为止。我将该值精确到了小数点后两位，见表1。

表1

插值次序	θ（度）	θ（弧度）	4θ	$5\sin\theta$	$4\theta-5\sin\theta$
	60	π/3	4.189	4.330	−0.14
3	62.5	25π/72	4.363	4.435	−0.07
4	63.75	51π/144	4.451	4.484	−0.03
5	64.375	103π/288	4.494	4.508	−0.01
6	64.688	207π/576	4.516	4.520	0.00
2	65	13π/36	4.538	4.532	0.01
1	70	7π/18	4.887	4.698	0.19
	80	4π/9	5.585	4.924	0.66

从表1可看出，在所需精度内$\theta=\dfrac{207\pi}{576}$，即64.688° 时，$B$球已脱离圆柱表面。将$\theta=\dfrac{207\pi}{576}$代入方程（1）解得$B$球到达圆柱上最高点时的速率$v=\sqrt{\dfrac{4}{5}gR\theta}=\sqrt{\dfrac{23gR\pi}{30}}$。

至此，我们已较为精确地解出了最终结果。对类似问题的求解，也应当如此。

半分插值法尽管对所有该类问题都能求解，但B球能到达圆柱圆截面顶点时，依然用该办法求解，就显得烦琐了。因此，进一步探讨B球上升至圆截面顶点的条件，将为我们解答此类问题带来便捷。

3. B球能达到圆截面顶点的条件

B球能上升是由A，B两球质量不同引起的。那么，A，B两球质量之比为何值时，B球才能到达圆柱圆截面顶点呢？

为此，我们不妨设A球质量是B球质量m的X倍，即A球质量为Xm，令$\theta=\dfrac{\pi}{2}$，代入方程（1）（2）中求解，此时可解得$X=\dfrac{3}{\pi-1}$，即A球质量为B球的$\dfrac{3}{\pi-1}$倍时，B球可到达圆柱圆截面顶点，且恰好对圆柱无挤压。

根据能量转化的关系可知，若$X>\dfrac{3}{\pi-1}$，则B球在到达圆柱圆截面顶点前已脱离圆柱；若$X<\dfrac{3}{\pi-1}$，则B球上升至圆柱圆截面顶点时，对圆柱有挤压。要让B球上升，A球的质量不能小于B球，故B球能上升至圆柱圆截面顶点时，A，B两球质量之比X的范围为$\dfrac{3}{\pi-1}\geq X>1$。而原题中的$X=2$，显然不在此范围。

这样，在今后遇到该类问题时，我们便能确定其求解方法。若A，B两球质量之比X范围为$\dfrac{3}{\pi-1}\geq X>1$，B球能到达圆柱圆截面顶点，采用原解析思路；若X取值范围大于$\dfrac{3}{\pi-1}$，B球不能上升至圆柱圆截面顶点，采用半分插值法；若X取值范围小于1，则A球上升，其思路与B球上升时完全相同。这便为我们解决该类题型提供了有力的参考。

从该题可看出，出题和解题都不能想当然，而应实事求是地给予判断和多方面考察，方能确定题目的真实性、实用性和求解的正确性，否则会对学生物理思维的发展带来误导，这将是对物理学精神的违背。

微课在高三物理复习中的应用

潮州市高级中学　段 红

随着科学技术的进步，尤其是通信技术、无线技术以及各种移动终端的快速发展，各行各业也进入了一个全新的发展阶段。当然，高中教育也得到了一定的发展，比较明显的就是微课在高三物理复习中得到了广泛的应用。由于高三物理学科内容涉及的知识比较多，而且不能很快地被学生理解，所以在物理学科的课堂教学中积极采用微课是非常有必要的。实践证明，微课教学的效果较为明显，所以目前这种教学方式在高中的复习教学过程中得到了广泛的应用。

一、微课的含义和特点

微课是以课堂教学视频为核心形成的包括素材课件、教学反思、练习测试及学生反馈、教师辅助等教学资源在内的教学模式。它利用一定的教学主题，为学生营造了一个相对独立的学习环境和学习内容，从而完成知识的集中性讲授。微课的特点包括以下几方面。

1. 时间短

微课的"微"字所体现的就是其时间短的特点。在教学中，教师不必长篇大论地将所有内容填充到教学视频中来，而是截取其中的教学重点进行讲解，并将时间控制在10分钟左右，这样能够保证学生在短时间内注意力充分集中。

2. 内容精

所谓"精"，一方面是指微课内容的精简。教师为了突出课堂教学中某个知识点，或反映课堂中某个教学环节，将教学过程进行精简处理，以保证微课内容主题清晰、条理分明。另一方面是指微课的精致。教师在视频制作中，会利用相应的技术手段对教学内容进行修饰，从而激发学生的学习兴趣。

3. 使用方便

在实践中，教师将视频做好，并上传到网络上，学生就可以利用网络设备进行自由下载与观看了，这样就使得课堂教学时间与空间变得更加灵活。

二、应用微课突破重难点

高三物理教学面对的是高考升学压力，在一年的时间内要复习所学的高中物理知识，并且要达到一定的水平是非常困难的。教师与学生都要面对时间紧、任务重的难题。传统的复习课还是采用你听我讲的模式，往往一堂课就在教师的讲解和学生做笔记中度过。配备的例题学生也没足够的时间去思考与表达想法，最终由教师匆匆讲解。整堂课下来师生都疲惫不堪，课堂效率难以提高。

微课的应用则很好地解决了这一难题，特别是在以全面复习知识点为主，构建知识网络的高三一轮复习中，微课的应用显得更为便捷。在微课平台上，每个考点的微课一应俱全，教师提前将相应的精品微课上传至学校网站或班级群，学生就可以在课前自主安排对考点的复习，从而带着目的在课堂上学习，方向性明确，学习效果就会明显提高。同时，微课还可以将难点进行细分，各个突破，让学生觉得物理很有趣，都是由简单的知识有效组合起来的，从而突破复习过程中的重难点。

例如，在复习带电粒子在有界磁场中的偏转问题时，往往涉及临界极值问题的处理，且常作为压轴题出现，因此学生感觉难度非常大。教师在课堂上讲解复习时不仅需要学生具有较强的空间想象力和应用数学知识解决物理问题的能力，而且需要现场在黑板上引导学生作图，找几何关系、临界条件等，往往一节课下来讲不了一两道题，学生要立刻理解并掌握非常困难，复习效果大打折扣。这时我们就可以使用微课来进行突破。针对这一难点做好经典例题的微课，借助其动态演示粒子的运动轨迹，规范作图，从而使学生不用空想，通过画面就能直观地找到临界条件，进行求解。而且教师还可以在微课中留下一些典型的高考真题、创新例题，通过剖析，让学生可以利用课余时间反复观看，总结出该类问题的解题规律，从而使学生能够举一反三，融会贯通。

微课不受时间和地点的限制，随时学习重现，针对学生遇到的重难点问题进行设计。有的学生可利用它进行课前预习，有的学生可利用它进行课后有效补充，让那些平时反应慢又不敢问问题的学生可以反复观看，仔细揣摩，较好地解决了后进生对重难点的突破问题。

三、应用微课因材施教，有助于实现分层教学

高中物理学科的难度、学生的知识基础和兴趣、学法以及教师的教学方法等是导致学生学习困难的主要因素。高三的物理复习要求学生具有较强的逻辑思维以及理性思维。因此，即使同一个班级的学生学习物理的能力通常也会有很大的差异。教师进行教学活动要面对各个层次的学生，微课的设计与应用，可以帮我们应对不同层次的学生。

分层教学体现了教育规律中的因材施教。新课标的改革重点在于注重学生之间的差异，实事求是，根据不同学生的具体需求来实施教学。那么，在微课教学中，我们应该怎样分层教学呢？制作同样的知识点微课。同样的知识点，不同学生的理解能力不同，但微课具有阅读的反复性，即使学生个体理解能力不同，在反复观看的情况下，也大都会理解知识点。但是在以后的练习中，不同的学生表现出的应用能力不一定相同，我们就得讲解分层次的例题、练习。知识的学习能力、应用能力、创造能力是我国选拔人才时考查的主要能力。学生在成长过程中，接触的环境不完全相同，个体存在着差异，因此，这些能力在学生的个体发展中需要逐渐培养。所以，微课的练习设计应体现出层次的要求，使学生在反复的练习中，能力得到强化。比如，在讲解受力分析时，我们可以做单个物体的受力分析微课、多物体的受力分析、平面上的受力分析、斜面上的受力分析、复杂连接体的受力分析等，由浅入深，逐步提升。

四、微课在实验复习中的应用

物理学的每一个概念、规律的发现与确立大都依赖于实验，同时实验也是研究和发展物理学的基本手段，当然也是高考中必考的题目。实验题目大都基于某一实验的基本原理，但往往学生的得分比较低，故在实验复习时，帮助学生掌握实验原理、实验过程至关重要。在高一、高二的新课学习中，由于学

校硬件设施的制约和课堂时间的限制，物理实验课很多时候成为摆设。在高三的复习中，由于时间紧迫，很多实验也主要是通过习题来巩固，学生没机会亲自动手操作，甚至有的根本没有见过实验过程，从而导致实验知识非常欠缺，甚至对物理知识的实用性产生怀疑。

利用微课可以有效地解决这一问题。例如，教师在复习"描绘小灯泡的伏安特性曲线"实验时，可以充分利用实验资源，让学生先独立完成实验，然后将实验的过程，包括实验器材种类、操作流程、需要注意的环节制作成视频和图文结合的微课，展示给学生看，并要求学生及时观察，同时对实验中涉及的抽象概念以及规律进行详细的解说，从而解决学生多，器材少的问题。学生通过观看实验过程去感悟物理的奇妙的同时，也能将对应的实验结果和理论知识有效融合，提高对于深层知识的理解。这样做不但丰富了高三复习模式，而且在打破传统"讲—练"单一枯燥模式的基础上，让学生产生爱学习的欲望。

对高三学生来说，物理知识具有较强的渗透性、系统性以及衔接性。作为教师，我们要创造机会，适当利用优质微课，鼓励学生利用课余零碎的时间学习观看微课，从而提高学习效率。当然，微课作为一种新型的教学资源，其应用远不止这些，为了提高教学效率，教师要认真备好微课的相关材料，发挥团队力量，克服微课制作中的困难，紧跟科技时代步伐。

楞次定律实验新装置

中山市第一中学 邱锦辉

我设计了一个楞次定律的演示装置，该装置通过电动推杆控制强磁铁进出铝管/线圈，并利用电子天平和朗威电流计将楞次定律的实验现象直观地表现出来，形象生动。由于电动推杆的电子操控性好，强磁铁进出铝管的速度可控，无人为因素影响，结果更加可信；电子天平和朗威电流计能将实验数据直观展现出来并进行保存，使得实验更易进行深层次分析，有利于学生对楞次定律的理解和掌握。

一、实验导入

楞次定律是电磁学教学的重点和难点。演示实验是教学中突破重难点的重要手段。目前楞次定律的演示实验大多是采用磁铁插入和拔出线圈/铝环的实验方法，通过观察线圈感应电流的方向去判断感应电流的磁场方向，从而分析得出楞次定律；通过观察铝环运动方向与磁铁运动方向的关系，分析得出楞次定律"阻碍"的机械效果。然而，这些实验中感应电流的方向的观察时间较短，无法进行直观的比对，同时铝环运动中磁铁的插入都是人手操作，难以排除人为因素，且对操作要求较高。

我设计了一套楞次定律演示装置，借助电动推杆的电子操控性，通过电动推杆控制磁铁进出铝管/线圈，排除人为直接操作磁铁的影响，使得效果更加可信。同时通过电子天平，将感应电流的机械"阻碍"效果（产生安培力）通过电子天平的示数直观地表现出来，再通过朗威电流传感器接入电脑，直接记录感应电流的信息，从而便于分析得出楞次定律。

二、实验原理

当强磁铁靠近或者离开铝管时，铝管中的磁通量发生变化，产生感应电流，铝管由于受到安培力的作用，其作用于电子天平上的压力也随之发生变化，表现出"来拒去留"的机械"阻碍"效果。同时通过朗威电流传感器，在电脑上记录感应电流的信息，可直接判断感应电流的磁场与原磁场磁通量的变化之间的"阻碍"关系。

三、实验装置及其制作

本实验装置如图1所示，包含电子天平、铝管和带有强磁铁的电动推杆、朗威传感器系统、台式电脑。

本实验电子天平采用家用厨房电子天平，称重范围1g～5 kg，精度0.1g，可以直接测量质量。铝管采用航空铝管，外径44mm，内径40mm，高100mm。电动推杆采用微型直线直流电机马达，型号TG300，行程100mm，电源电压12V，直流电机调速器一个。圆形强磁铁一组，直径34mm，高15mm，用强力胶将其固定于电动推杆的底端。自制线圈一个，直径50mm，高100mm。

图1

四、实验方法

1. 调节装置

将电动推杆固定于铁架台上，调节铁架台与电动推杆，使电动推杆处于竖直状态。接通电子天平的电源，将铝管置于电子天平上，调节铝管位置，使圆形磁铁能顺利进入铝管。调节铁架台，使电动推杆底端的磁铁停在距离铝管上方约3cm处。

2. 铝管实验

首先，记录磁铁静止时电子天平的读数。

其次，调节电动推杆控制器，使其匀速进入铝管，记录电子天平稳定时的读数。再次调节控制器，使其匀速穿出铝管，记录电子天平稳定时的读数。

最后，可以改变电动推杆进出铝管的速度，观察电子天平读数的变化。铝管实验结果如图2所示。

静止　　　　　　穿进铝管　　　　　穿出铝管

图2

3. 线圈实验

将铝管换成自制的线圈，连接朗威电流计与台式电脑，通过朗威自带的软件，记录感应电流的I-t图像。

调节电动推杆进出线圈，记录感应电流的I-t图像。

五、实验结果与分析

1. 铝管实验结果

如图2所示，在磁铁穿进铝管的过程中，铝管对电子天平的压力增大；在穿出铝管的过程中，压力减小。这与楞次定律的"阻碍"效果吻合，在磁铁穿进铝管过程中，铝管磁通量增大，产生感应电流，使磁块受到安培力阻碍作用，同时铝管受到向下的安培力。反之，铝管受到向上的安培力。

2. 线圈实验结果

线圈实验结果如图3所示（磁铁进出线圈过程中的I-t图像）。通过分析原磁场方向与感应电流方向的关系可以进一步得到楞次定律。

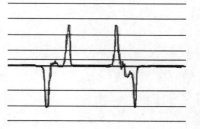

图3

六、结语

本实验通过电动推杆控制磁铁进出铝管/线圈，利用电子天平和朗威传感器观察实验结果，直观形象。该实验设计使楞次定律的教学层次变得简单明了，逻辑性强，很符合学生的认知规律，有利于学生对楞次定律的理解和掌握。

📖 参考文献

［1］人民教育出版社物理室.全日制普通高级中学教科书（必修加选修）·物理（第二册）［M］.北京：人民教育出版社，2006：178-179.

［2］韩静波.简易楞次定律演示仪的改进［J］.物理实验，2008，28（9）：23-25.

第四篇

引领辐射

4

林芝南国景，携手教育兴

——广东省中山市华琳名师工作室赴藏送课讲学活动

广东省中山市华琳名师工作室主持人助理　钟　路　邱锦辉

2018年8月20日晚，带着浓浓的支教情怀，广东省中山市华琳名师工作室主持人华琳老师带领工作室成员们开始了赴藏送课讲学之旅。能够为祖国边疆的教育事业做出贡献，是华琳老师心中一个多年的愿望。此次活动她带领7名工作室成员，在西藏自治区林芝市进行了同课异构及专题讲座等一系列扎实有效的教育教研活动。受到林芝一中、林芝二中及林芝市教育局的高度好评。

华琳老师做工作室介绍

林芝一中校长靳兵建致欢迎辞

华琳向林芝一中副校长杨家平赠送锦旗

华琳老师与林芝二中拉巴旺堆校长深入交流，并赠送锦旗

此次赴藏送课讲学活动既是帮助西藏高中提升物理教育教学水平，也有锻炼工作室成员教育教学水平的目的。早在半年前华琳老师就开始了这项活动的筹备工作，从联系林芝的高中到指导各个学员备课，从与旅行社落实活动细节到了解如何降低高原反应，事无巨细，华琳老师都亲自过问，正是这种精益求精的工作态度，让这次赴藏送课讲学活动高效、优质、安全。

每位成员提前一个多月就开始备课或准备讲座，由华琳老师亲自把关，不合理的地方必须修改甚至删除，经过反复磨课，课件幻灯片由最初的37张精简到最终的13张，这背后折射出的是华琳老师对教学艺术的执着追求。

8月21日凌晨3点，我们正式开启了前往林芝的行程。一下飞机工作室成员就直接来到了林芝一中了解学生的情况。得知学生的理科基础十分薄弱后，华琳老师当机立断要求再次调整教学，于是大家拖着疲惫的身躯，又开始了新一轮的磨课，磨讲座。同时，华琳老师还带着学员根据当地器材调整实验方案，同时熟悉当地的多媒体设备。由于睡眠不足，大家多少都有一些头昏脑涨的症状，但看着华琳老师还在坚持，大家也都咬牙工作。第二天一大早，华琳老师又带着大家来到教室做最后的准备工作，直到学生进入教室。

平时跟华琳老师磨课，大家学到的更多的是专业知识，但是这次的送课讲学活动，华琳老师以身作则，向学员们展示了一名出色的正高级教师所必备的专业精神来自对学生的详细了解，来自对教学环节的精雕细琢，来自战胜困难的坚定信心。相信经此一役，工作室的学员对教育教学的理解必定提升了一个档次。

华琳老师带领工作室成员
熟悉课室器材使用方法

华琳老师在指导学员
进行实验准备

学生入场　　　　　　　　学生质朴的笑容

华琳老师向林芝二中领导讲解物理实验的重要性

华琳老师在录播室查阅学员的上课实录

许旭旭老师上课情景

张黎老师上课情景

张会芬老师的精彩课堂

经过如此充分的准备，张黎、张会芬、李中玉和荣斌4位老师在课堂上都有了精彩的发挥，无论是教师还是学生都表示希望这种课越多越好。

由于老师们各自所上课的结构、风格不同，所采取的教学方法和策略各有不同，这就形成了同一内容用不同的风格、方法、策略进行教学的现象。借此机会，华琳老师还向物理同行们展示了如何进行听课、评课。

李中玉老师上课的情景

邀请每位教师都评课之后，华琳老师针对老师们的评课再做点评。采用这种实例的方法讲解"如何听课、评课"，难度是颇高的，毕竟每个教师评课角度不同，评课结果不同，这要求操作者本身在听评课上有极深的研究。但这种实例的方式效果又是非常好的，教师们在已有评课的基础上再对照华琳老师的点评，更能产生共鸣。有好几位林芝一中的教师在听评课后第二天又专程赶到林芝二中听课、评课。林芝的老师们如此积极、深入地参与本次的教育教研活动，相信林芝的教育一定会不断进步！

林芝一中的老师们在听课

华琳老师在林芝二中评课

华琳老师在林芝一中主持评课

工作室成员在林芝一中合影留念

工作室成员在林芝二中合影留念

为了让西藏的物理同行能有更多收获，在华琳老师的指导下，钟路老师、朱茂老师和邱锦辉老师分别做了精彩讲座，内容尽可能地针对西藏地区的特点进行打磨。钟路老师的讲座特别针对西藏地区所用的全国Ⅲ卷的特点，进行了多维度的展开，讲解细致，分析有理有据且非常实用。通过科学的分析手段，钟路老师与林芝的教育同仁分享了力学实验教学在一轮和二轮复习中不同的侧重点，深受林芝高三物理教师的欢迎。

钟路老师在进行专题讲座

朱茂老师的讲座结合对高考真题及核心素养的分析，得出了一系列高一、高二教学的优化建议，并且结合大量的实例对学生在高考中需要具备的素养进行映射。讲座细致、生动。在讲座的最后，朱茂老师还结合自己的教学经验，与在座的教育同仁分享了一些非常实用的备课技巧，引起林芝的教育同仁不断的拍照、求教。

朱茂老师进行专题讲座的场景

邱锦辉老师的讲座以核心素养为基础，对高中物理教学实践进行了探讨。讲座单刀直入，可操作性极强，从教学实际出发，清晰地为教师们讲解了培养学生核心素养的方法。讲座有高度，有内涵，在座的教师听得非常起劲，不断地记笔记。

邱锦辉老师进行专题讲座的场景

在交流活动中，工作室成员在华琳老师的带领下，专程走访了林芝市教育局和工布江达县教育局，从教育局详细地了解了当地的教育教学情况，确定了以后合作交流的方向。正好林芝市也想建立名师工作室，教研室徐主任特别关心如何发挥名师工作室的示范引领作用。而华琳老师则从名师工作室的建立、日常运行、考核评价等方面细致地介绍了广东省中山市华琳名师工作室的情况，给了徐主任很多可操作的建议。为了能长期沟通，双方通过微信公众号等建立了长期的交流平台，携手共促西藏地区教育的发展。

华琳老师与林芝市教体局教研室主任
徐斯亮交流名师工作室怎样起到带头作用

华琳老师在林芝市教育局与教研室教研员合影

林芝教育局领导向工作室赠送锦旗

工作室成员与工布江达县教育局领导合影

　　华琳老师此次赴藏送课讲学活动取得了实际意义，为广东省对口支援地区——林芝市的教育事业做出了一份贡献。林芝南国景，携手教育兴！用华琳老师的话说就是"勤勤恳恳做事，清清白白做人，做一个无愧于时代、无愧于国家的人"。

备课更要备学生

中山市桂山中学　张会芬

　　2018年8月19日，广东省中山市华琳名师工作室成员一行8人，从广东中山出发，前往西藏开展为期一周的送课讲学活动。在此活动期间，我们在林芝一中开设了3个讲座，在林芝一中和林芝二中分别上了两堂精彩的课，参观走访了工布江达县中学、工布江达县教育局和林芝市教育局。身为工作室成员之一，此行我收获良多。其中，感触最深的是磨课和讲课。

　　虽说8月下旬西藏之行才开启，但早在7月初我们就已开始了授课过程的打磨。《电场强度》这一节一共经历了四轮磨课才得以在林芝二中顺利完成讲课。万幸的是，本次讲课受到了当地教师的一致好评，也得到了我们工作室成员的高度评价和认可。

　　接到通知，我们自主选择讲课或讲座。钟路老师、朱茂老师和邱锦辉老师选择了开设讲座，荣斌老师、张黎老师、李中玉老师和我选择了新课《电场强度》的讲授。尽管我在中山市桂山中学任教物理已有10多年，但对此次送课讲学活动却不曾有丝毫懈怠。当得知要上新课《电场强度》时，我直到现在还记得大家的第一反应是"好难讲"！越难越有挑战性，越能激发人的斗志！从得知任务开始，我便上网查阅相关资料（大纲、课标、说课稿件、教案、课件、视频、期刊、论文等），力求对本节内容有更加全面、深入、系统的把握，生怕有半分错误。在反复斟酌思量之后，我把本节内容处理为2个课时，第一课时讲"电场强度"，第二课时讲"电场线"。7月13日，课件初稿成型，共63张PPT。讲课的老师还需有人一起磨课，我很荣幸，得到了华琳老师的亲自指导。当我把课件初稿通过微信发给华琳老师后，很快就收到了回复，华琳老师一方面鼓励我，另一方面提出了建议——"一节课不追求全面系统，不是展示老师的知识体系，而是用直观的方法帮助学生去建立电场和电场强度的概念，学会用知识解析现象，用公式进行简单的计算。"经华琳老师指点之后，我马上意识到自己忽略了一个重要的问题：备课不仅仅是备考纲、备教材、备知识，更要紧扣学生实际，知晓学生会什么、需要什么、缺什么，知道如何帮助学生高效地构建起这些知识，并在构建知识的过程中去体会学科思维和科学方法等。

毫无疑问，课件初稿需大改！接下来，一场"大手术"便开始了！不过，既然已经找到"病灶"，大方向已了然，接下来尽管费些心力，但思路顺畅，做起来倒也干劲十足。"结合学生实际"，说起来寥寥几个字而已，但做起来功夫可不少。

首先，我查了林芝一中的学校概况，了解了其高考情况，对学生基础有了初步的把握。其次，十分重要的一点就是找准本堂课的基调——"让学生在实践中学"。基于此，我在教学中加入了"视频引入""学生活动""类比研究"和"师生小游戏"等教学环节，以激发学生的好奇心，凸显学生在教学中的主体地位，让学生能更真切地感受电场，更深刻地体会学科思维和方法。最后，还要准确找到本节课的几个关键点（①"场"这一抽象概念的突破；②电场强度的构建、大小和方向），再本着"学生实验优于演示实验，演示实验优于实验视频，视频优于动画，动画优于图片，图片优于文字"的原则，收集素材并逐一筛选，以达到有效突破教学难点的目的。功夫不负有心人，8月中旬，课件修改最终完成。

当我再次把课件发给华琳老师后，迅速得到了回复：28张PPT在40分钟之内不可能讲完，要继续删减，难点已有效突破，但如何突出重点呢？看到回复，说实在的，当时的我傻眼了。我自认为重点抓到位了。因此，在对课件进行第二次修改时并没有大刀阔斧地改动。小改之后，剩下21张PPT，这离"忍痛割爱删除一半"的要求相去甚远，可我实在是不知如何再改了。华琳老师得知情况后，耐心细致地指导我如何修改。微信十几条，每一条都是针对性极强的建议，从早上7点一直回复到8点半，那时我不仅明白了如何取舍以凸显重点，更懂得了什么是专业精神，什么是教育情怀。根据华琳老师给出的点对点的细致的指导，我又做了修改，删除了"类比研究"部分，又仔细斟酌了定量研究电场强度时的数据来源问题、教学的层次性和教学反馈等问题。在临出发前一天，终于拿出了第三次修改稿。对比最初的课件，改动得真是面目全非了！

出发当天，我们工作室成员才第一次正式见面。一路上，大家还在就《电场强度》这一节课的教学处理交换意见，看怎么处理课堂效果会更好一些。华琳老师也当面跟我谈了许多，更多的是细节的处理和对我的鼓励。行程才刚刚开始，我已经深深地体会到了工作室成员的钻研精神和敬业精神。与优秀者为伍，谁也不甘落后。接下来的行程也让我十分期待！

8月19日，为了赶飞机，三点半我就起床了。一到西藏林芝，大伙儿顾不上休息，便直奔林芝一中实验室，准备第二天上课的实验。接下来的两天，我们开展了同课异构活动，分别在林芝一中和林芝二中进行授课，受到了学生的热烈欢迎和当地教师的高度评价，一是因为精彩的课堂和精彩课堂所折射出的专业能力，二是因为精彩课堂背后的辛苦付出和难能可贵的敬业精神，三是因为远赴西藏送课讲学之举和此举所承载的教育情怀！

说实在的，此行于我而言可谓感触颇深，收获颇丰。一是我的专业能力有所提升，业务更加精进，与优秀者为伍让我在日后更加不敢懈怠。二是我更加深刻地体会了"台上一分钟，台下十年功"和"学无止境"的真切含义。我对"专业精神"有了更深刻的领悟，更加明晰了日后自己所要努力的方向。三是我亲眼所见祖国边陲教育者的伟大，亲身经历了本次赴藏送教讲学活动，更能理解和体会华琳老师在临近退休之际组织本次活动的良苦用心。四是我结识了一群互帮互助、志同道合的伙伴，未来的路上能结伴而行岂不快哉？

最后，我想说，华琳老师，谢谢您给予我这次学习的机会，谢谢您耐心细致、不厌其烦地专业指导，也谢谢您让我明白卓越的业务能力需要何等的敬业精神加以长期修炼才能拥有，也谢谢您让我深刻地感受到了什么是教育情怀。真心谢谢您！

着眼课堂教学实际，着手提升教学效果

中山市第一中学　邱锦辉

2018年8月，广东省中山市华琳名师工作室一行8人登上了广州飞往林芝的飞机，开启了赴藏送课讲学之旅。本次赴藏送课讲学是工作室组织的公益支教活动。在认真备课、磨课、磨炼讲座及评课、议课过程中，工作室成员收获满满。面对新的环境、新的学生，工作室成员们发挥各自的特长，不断学习、整合，让自己的课或讲座更加适合当地学生和教师，尽自己的能力让本次送课讲学活动发挥实际意义。整个送课讲学活动得到了林芝市教育界的大力支持，也受到林芝教育同仁的大力表扬！

此次赴藏送教讲学活动分为两部分，一部分是同课异构，另一部分是讲座。讲座部分由钟路老师、朱茂老师和我负责。为了最大限度地扩大本次援藏支教活动的辐射面，讲座选题的初衷是力求切实给林芝的教育同仁带来实际帮助，宣传新的教育理念。因此，我们3位教师商议将讲座主题核心定位为提升课堂教学的效果，分别从高考、课堂教学情境以及核心素养在课堂教学中的渗透三个方面展开。

其中，讲座"基于核心素养的高中物理教学实践探讨"以核心素养为基础，从教学实际出发，清晰地为林芝的教师们讲解了如何在课堂教学中落实学生核心素养的培养。该讲座不仅传达了与核心素养相关的先进教学理念，还结合了大量的一线教学案例，给出了切实可行、可操作性强的方法，帮助林芝的一线教师落实核心素养的培养。

讲座围绕以下三个部分展开。

一、核心素养与物理课程改革

1. 物理学科核心素养

学科核心素养是学科育人价值的集中体现，是学生通过学科学习而逐步形成的正确的价值观念、必备品格和关键能力。物理学科核心素养主要包括物理观念、科学思维、科学探究、科学态度与责任四个方面。

2. 新高中物理课程标准对物理教学的要求

新课标要求基于物理学科核心素养来确定教学的目标和内容，把培养物理学科核心素养作为物理教学的重要目标，将物理学科核心素养的培养落实到教学活动中。

二、物理教学的困境

物理教学现在面临的困境是过分重视知识的学习，忽略了在学习过程中对核心素养的培养。一个人如果缺少知识，他可以在任何时候补上，但一旦错过时机，在学习能力或情感、态度等精神层面上就会造成缺陷，以后将是很难弥补的。

三、高中物理教学渗透核心素养培养的几点思考

1. 对物理教学观念的思考

要点一是形成物质观念、运动与相互作用观念、能量观念。

教学策略：知识结构化、系统化。把概念和规律结合起来形成优化的结构，成为某一知识领域的核心内容，体现物理本质，便于记忆、理解、迁移。

要点二是能用物理观念解释自然现象，解决实际问题。

教学策略：知识情境化（创设真实情境，解决实际问题）。要做到这一点，必须强化物理知识与实践情境的关联，提高把物理知识与实践情境进行联系的自觉性，增强学生的实践意识。

2. 科学思维培养的思考

课程标准中的科学思维素养主要包括模型建构、科学推理、科学论证、质疑创新等四个要素。

教学策略一是重视物理模型的建构过程。引导学生经历物理概念的建构

过程和物理规律的形成过程，体会物理模型建构的思维方法，理解物理模型的适用条件，通过建构模型来研究实际问题。

教学策略二是显化思维过程，强化科学方法的思维逻辑性。概念的建构和规律的形成过程就是进行科学思维的过程，学生要体会这个过程的思维方法，就必须强化科学方法的思维逻辑性，显化思维过程。

3. 科学探究培养的思考

教学策略：创设探究情境，注重探究要素及其达成效果。

4. 科学态度和责任的培养

教学策略：通过增加联系生活和现代科技的教学内容，创设生动活泼的课堂氛围，激发学生的学习热情，让学生保持旺盛的求知欲；尽可能为学生交流创造机会，让学生体验合作的过程，享受合作的成果；引导学生在实验中如实记录、客观对待所读取的实验数据，遵循基本的学术道德规范。

通过以上简介可以看出，讲座"基于核心素养的高中物理教学实践探讨"力求符合藏区教育同仁的教学现状，着眼课堂教学实际，着手提升课堂教学中培养学生核心素养的效果。该讲座得到林芝教育同仁的一致好评。

短短的几天时间里，在华琳老师精心的策划和沟通下，工作室成员圆满完成本次援藏送课讲学任务。感恩华琳老师给大家创造了一个这样难得的机会和难忘的历程，感慨援藏教师的教育精神，敬佩华琳老师的教育情怀！

春风化雨，润物无声

——同行互助促成长

中山市第一中学　钟　路

在广东省中山市华琳名师工作室主持人华琳老师的带领下，工作室全体成员积极发挥名师工作室的引领辐射作用，参加省、市、校级的研讨活动，开办讲座、上示范课等，同行互助促进物理教师专业成长。

一、专家引领

华琳老师被聘为肇庆学院省级中小学发展中心客座教授、中山市中小学教师培训客座讲师，常年奔波于教育第一线，不辞辛劳地为一线物理教师开讲座、上示范课、做点评。2017年12月19日，华琳老师承担了中山市中学物理新教师培训"教材研读与分析：重点与难点"专题课程。2018年4月18日，华琳老师承担了中山市中小学物理新教师班的培训课程"基于核心素养的听评课"。2018年6月29日，华琳老师到阳江市为2018年阳江市骨干教师科研能力培训班做题为"名师工作室的专业引领"的专题讲座。2018年11月23日，石门中学举办"聚焦核心素养，构建智慧课堂"教育开放日活动，华琳老师应邀作为同课异构的点评专家参加活动。

2018年11月28日，在广东省"强师工程"——"名师、名校长工作室入室学员专项研修班"上，华琳老师为学员们做了一场题为"争当工作室优秀入室学员"的精彩讲座。华琳老师为我们诠释了教师专业发展要经历的不同的阶段，并指出教师专业发展不能一蹴而就。"专业老师是专注的，是幸福的，跟孩子打交道，心应该是纯净的。"华琳老师的话朴实无华，却令人回味。无论

华琳老师讲座现场

从带领工作室弟子摸爬滚打的经验分享中，还是从她对有关文件的解读中，我们都能强烈地感受到华琳老师始终如一的教育情怀，严谨务实的工作态度，以及对我们学员的关怀和厚望。"教育者对于教育需要有信仰。"华琳老师要求教育者要有敬畏之心。"用力可以把事情做完，用心才可以把事情做好。"华琳老师最后送给学员们的一句话引人深思，这也是具有教育情怀的教育家对我们最大的期望。

二、同行互助——成员讲座与公开课

2016年9月23日，中山市教育教学研究室举办的2017届高三物理学科教师岗位培训活动在中山市濠头中学召开，全市的高三物理教师参加了会议。来自中山二中的华琳名师工作室的学员黄德斌老师做了题为"2017年高考物理选择题复习备考策略"的专题讲座。

在讲座中，黄老师首先对近3年广东卷和全国Ⅰ卷的高考选择题的评卷抽样统计数据进行了对比，然后举例分析全国新课标Ⅰ卷选择题命题的能力立意，从能力培养方面谈如何提高高考物理选择题的得分，并提出了以下几个方面的备考策略：

策略一是一轮复习要做到全面，不留死角，又要突出重难点。

工作室学员黄德斌老师在中山市开设专题讲座

策略二是从源头上加深学生对物理概念和规律的理解。

策略三是重视培养学生从原始题目中获取信息、处理信息，建立起与题目相对应的物理模型的能力。

策略四是重视提高学生利用数学分析物理问题的能力。

第十届"物理科学方法教育"学术研讨会于2018年8月1日在湖北荆州顺利举行。广东省中山市华琳名师工作室受中国教育学会物理教学专业委员会邀请做大会交流。工作室成员朱茂老师代表工作室参加了会议，并在论坛做了题为"创设高中物理教学情境的有效方法"的讲座。朱茂老师就创设高中物理教学情境的方法进行了汇报，试图从对高考题目和课程标准的分析中，找到一种科学的培养学生思维的方法。朱茂老师指出，要注重教师在科学方法学习中的引路作用，强调培养思维能力，而不是培养知识能力或记忆能力。讲座受到在座教师的好评。

工作室成员朱茂老师在研讨会现场

2018年11月，在广东省中小学教师培训团队专修班上，华琳名师工作室成员钟路老师为所有学员做了题为"平台，交流，共进"的讲座。

钟路老师的分享从一个问题串出发："工作室要做什么→工作室有什么→工作室怎么做"，找准了工作室的定位。根据这些问题，详细分析了工作室平时开展的同伴互助、导师引领和综合实践三大类型活动，以及对主持人和学员专业发展的帮助。

钟路老师在广东省中小学教师培训团队
专修班上做专题分享

2018年11月21日，工作室成员邱锦辉老师参加中山市第一中学第四届教学研讨活动，为中山市物理教师和周边省市的教师上了一节精彩的示范课——《超重和失重》。邱锦辉老师的课如行云流水，妙趣横生，得到了专家和在场教师的一致好评。课后又与同行一起研讨高效课堂与和高中物理核心素养的培养策略，大家都受益良多。

工作室成员邱锦辉老师在中山市第一中学
第四届教学研讨会上上示范课《超重和失重》

2018年10月，工作室成员邱锦辉老师和钟路老师参加中山市第一中学青年教师说课大赛，分别获得特等奖和一等奖。本次讲课大赛围绕主题"电势能"展开，两位老师的精彩说课获得了与会专家和教师的一致好评。参加观摩的广东省骨干教师跟岗培训的教师也给予了高度的评价。

工作室成员邱锦辉老师和钟路老师参加中山市
第一中学青年教师说课大赛

三、工作室间频繁交流促发展

为更新教育理念、提高课堂教育水平、促进工作室之间相互交流学习、探讨与解决教学中的实际问题，加强校与校之间的交流，实现教师的互助成长，工作室之间的交流越来越频繁，大家互通有无，以求促进更多的教师走上专业发展的道路。

与宗健工作室进行交流的

2018年5月9日，广东省人大代表、省级名师华琳老师带领河源市一批省级名师共5人莅临广东省名师宗健工作室进行交流学习，为河源市名师工作室的创建工作做进一步的筹划。2018年12月21日，广东省岳趁引名教师工作室与广东省中山市华琳名师工作室开展交流活动。

与岳趁引工作室进行交流学习

第五篇

教育感悟

5

尊重大脑规律，提高教学效率

——读《教育与脑神经科学》有感

中山市华侨中学　张　黎

一个人视野的高度决定了他未来能走多高多远；思维的深度决定了他现在能走得多踏实。

随着信息技术的发展，在任何专业领域，单一的学科知识越来越难以面对新的挑战，学科的融合也就显得越来越重要，越来越必要。教学工作同样面临新的挑战。教学是一个系统性工程，一个人在成为教师之前，必须要有对应学科足够的知识储备，同时也要熟知教育、心理、管理、统计、信息技术等诸多领域的知识。一节课承载的教学目的很多，需要遵从的教学规律也很多。一位初登讲台的教师不太可能做到面面俱到，但随着经验的丰富，理论水平的提高，也就越来越能实现更多的目的，达到更高的要求。

《教育与脑神经科学》是从大脑生理学的视角对教师进行教学指导的一本书。这本书理论性并不强，但科普性强，所以非常具有可读性与可操作性。该书共三编十一章，每一章都由不同的作者编著，但全书自成系统，由理论到实践，解读了大脑运作的基本规律，提出了诸多对教学具有可操作性的建议。

第一编主要讲述了人脑的结构与功能特点。如果能充分了解大脑各区域的结构与特点，就能利用这些规律进行有针对性的教学。例如，脑干检测并控制重要的生命机能，如心跳、体温、出汗等；小脑协调运动，同时也协助处理并微调人的思维、情绪和感觉；大脑则是人类大多数行为的发源处，如思维、记忆、言语、肌肉运动等。人脑中的脑细胞约有1万亿个，神经细胞接近1000亿个，每个神经细胞有多达1万个树突，而人脑的所有记忆、情绪、思维等能力都记录在这些树突中，而思考越多，记忆越丰富，神经元就会不断长出新的树突，大脑就越发达，越灵活。就如同经常健身的人肌肉发达一样，大脑也需要思考锻炼。这也正是教师鼓励学生多思考多记忆的理论依据。

机会之窗（关键期）是大脑从环境中接受特定信息并巩固神经网络的重要时期。例如，2岁前幼儿若从未接触视觉刺激，则会终身失明；12岁前若未听过人讲话，则可能永远学不会任何一种语言。每一种技能都有特定的机会之窗，但是有一点必须铭记于心：人的一生随时都可以学习。了解了这些规律，教师对学生的学习规律便有了更好地把握。

我们总是强调学习要专注，为什么呢？原来大脑有自己的运作规律，一个人在工作时被打断，则需要多花50%的时间来完成，而且会多犯50%的错误。由此可见，注意力不集中会导致效率低下。

由于大脑能耗极高，提高大脑工作效率就显得很重要。吃水果、喝水、运动能增加大脑血液流量，这对长时间记忆的促进尤为重要。可见，运动对大脑工作效率的提高意义重大。研究表明，学习中多开展体育活动可以有效提高学业水平。对大脑而言，除了睡眠以外，最好的休息就是脑力与体力结合。因此，高中阶段的教学，学生长时间坐在教室里并不一定是提高学习效率的有效策略。而教学管理者则往往担心体育活动会耽误知识的学习，对体育锻炼的时间精打细算。他们往往是优秀的管理者，但似乎缺少教育的情怀与人性的关怀，也缺少某些基本常识。

人的大脑最基本的用途首先是活命，其次是为了维持快乐。基于这点，青少年特别爱追新求异，所以教师在教学中应该多尝试一些教学策略。书中提供了很多吸引学生注意力的方法。教学过程中难免有些枯燥乏味的课，自己觉得内容最重要，但是站在学生的角度也许并非如此。因此，能够抓住学生的注意力，才能事半功倍。

第二编讲大脑研究与学校教学的结合。每个人都有自己偏好的学习形态，同时男性和女性的学习形态有所不同。例如，研究表明，女性比男性更擅长听觉记忆，因为她们左脑发育早于男性，所以用语言表达信息是教授女生的好方法。而男性比女性更擅长视觉记忆和视觉学习，男性更容易记住图示信息。所以，在课堂上，教师只讲不写，对于擅长视觉记忆的学生很不利。研究也表明，动觉学习是女性的短处，她们更乐于听从命令，而男性更喜欢动手。

总而言之，有学习障碍的男生数量明显多过女生。

还有一点给我的印象尤为深刻：小脑不但指挥整个身体的运动，而且研究表明，小脑在协调思维和决策中的作用至关重要。因此，若缺乏体育锻炼，小脑神经元便会退化，而没有强健的小脑，写复杂的数学、思辨性论文，学生就会倍感困难。可见，青少年时期体育运动的作用远远不止是强健身体，更是强健大脑。同时，男女小脑存在差异，男性小脑体积比女性大14%，而且差异在成年人中同样存在。或许这从某方面能解释为什么中学阶段惧怕理科的女生比较多。尽管很多人都有这样的认识（或者称之为"偏见"），但我绝不会轻易表达这样的"科学常识"。不可否认，女性大脑更擅长综合，而男性大脑更擅长分析。这些差异也许不适合告知中学阶段的学生，但是对在读学生的职业规划却可以做出更有效的指导。

书的第三编是与各类大脑契合的教学策略，实用性和可操作性很强。例如，研究表明，当压力降至最低时，大脑才能进行认知学习，而人的大脑首先是确保生存，其次是满足情感需要，再次才是认知学习。由此可见，压力太大并非学习的动力，而是一种障碍。压力减少了前额皮质的血液量，而前额皮质主管判断与决策，所以人对压力的反应往往不是逻辑导向，而是情绪导向的产物。确实，这点更新了我对压力、对大脑的认识。因此，减压尤为重要，我们要做的不是增加压力，而是激发学生的学习动机。

而要想激发学生的学习动机，必须使学生意识到知识是值得学习的，学生如果看不出学习与现实生活的相关性，他们就会感到厌烦与压力，进而失去动机。由此，我反思自己的日常教学，如果能尽量将物理规律、物理习题与日常生活紧密相连，学生的学习兴趣应该会更大。

书的最后提到振奋大脑的策略。例如，可以在课堂上使用适当的音乐。课堂上的一些小组活动、个人活动能有效提高学生的记忆力。色彩变化、音乐吸引、悬疑设置、小组活动都是激发、振奋大脑的有效方法。

总之，《教育与脑神经科学》作为一本入门类书籍，言简意赅地分析了大脑的生理特点，重点针对教学呈现了诸多研究成果，也附带了大量的参考文献，并提出了可行的教学建议，值得每位教师认真研读。

无论对子女还是对学生，教育都需要爱心，需要情怀，更需要爱的能力、爱的方法。科学的指导方法可以提高教师教学的效率。

《怎样解题》读书笔记

中山市华侨中学 朱 茂

我爱读书，但读的不多。过去喜欢读小说、名著，最近喜欢读些哲学、心理学、方法论的经典书籍，感觉很多困惑的问题都得到了指引。读《怎样解题》——波利亚著于苏黎世，我受益匪浅，在此与各位读者分享。

本书的论述都是围绕"怎样解题"而展开的，全书共分为四部分。第一部分的标题是"在教室里"。第二部分的标题为"怎样解题"，以对话的形式描写了一名有些理想化的学生对一些简短问题的回答。第三部分是最宽泛的部分，叫作"探索法小词典"，例如，探索法（Heuristic）这个术语的含义。对于这部"词典"我根本无法快读，它的文字往往是凝练的、微妙的，需要慢慢体会。第四部分的标题是"题目、提示、解答"。书中提到在大多数的情况下，"解题"既不是针对教师的教，也不是针对学生的学，而是以一个渴望解决他眼前题目的人的观点来看待问题。以下是我在读书过程中的一些心得。

原文：大多数人都会同意，想出一个出色的念头是一种"灵感活动"。亚里士多德是这样定义"灵感"的——"灵感是在一段微不足道的时间里，通过猜想而获得事物本质的联系。举例来说，如果你看到一个人在以某种方式和一个富人谈话，你也许立即就会猜想那个人正试图借钱。或者你发现月亮明亮的一边总是向着太阳，你也许会突然想到为什么是这样，那就是因为月亮是靠太阳的发光而发亮的。"

心得：人对新事物的探究过程往往是通过大胆猜想，小心求证得来的。所谓灵感并不是凭空产生的，而是需要人的主动思维活动在不断地思考的过程中所获得的。我这样理解：灵感是在一个人的耐心、勇气和信心作用的基础上得来的。换一个角度看，一个人对某件事的灵感的获得无法设计或预测，但是一群人对一系列新事物的探索能力则是可以通过对人的耐心、信心及勇气的培养而提高的。勇于思考，能不断地尝试，并且失败后有能力继续相信自己，就一定会比别人获得更多的"灵感"。所以在物理教学中，通过具体物理情境的探索过程，培养学生以上几种精神，似乎是使学生获得解题"灵感"的捷径。《怎样解题》中的这段话使我对怎样教学生解题的理解深入了许多。

原文：如果你不能解所提的题目，别让这种失败太折磨你了，去尝试在某些比较容易获得的成功中得到安慰，先尝试去解某道有关的题目，然后你可能又有勇气再去攻克原来那道题目了。别忘了，人的优势在于：在不能直接越过障碍时会绕过去。在原来的题目看上去不能解时会思考某道适当的辅助题目。你能否想到一道更容易着手的相关题目？你现在应该创造一道相关题目，而不仅仅是回忆起一道相关题目来。我希望你早已尝试过回答下面这个问题了：你知道一道与它有关的题目吗？几乎所有问题都有一个共同的目标：变化题目。要得到这一目标有不同的方法，如普遍化、特殊化、类比以及其他分解和重组的各种方法。

心得：对于攻克难题，不同人有不同的理解，但是不可否认，对每个人来说，难题总是存在的，只不过是谁的难题而已。那么面对难题，用什么样的方法来解题，进而使自己的思维取得进步呢？过去，我的理解还是比较基础的，我认为，在难题面前，人往往是陷入混乱后而觉得恐惧，没有耐心继续猜想时便会放弃，使问题成为难题。所以在教学中，针对"难题"我更多的是从心理上进行引导，引导学生不断分析这道难题的弱点，保持自己的活力，从题目的弱点进行突破。这样做还是有些效果的。读了这段文字后，我为作者在思维上的毅力所折服。作者直接承认难题对人的折磨，提到被难题折磨的人应该主动寻求安慰，并且给出寻找安慰的种种方法。最初我看不懂辅助题目的寻找方法，毕竟寻找辅助题目的能力可能是建立在对已知题目掌握的基础上的，这样逻辑便不成立。很快，在后面的一段文字中，我明白了这个辅助题目并不是在专业上与本题相关，而是在思维方法上类似，如普遍化、特殊化、类比以及其他分解和重组的方法。文字虽短，但是仔细研读，使我对难题的认识更加深刻。所谓难题，并不是高不可攀；所谓难题也并不是非解不可，解决难题的过程本身就是对思维方法的极好训练。

题目：一只熊从P点出发，向正南走1英里，然后改变方向向正东走1英里，然后再向左转，往正北走1英里，此时它正好到达它出发的P点。这只熊是什么颜色的？

提示：未知量是什么？一只熊的颜色——但是我们怎么能从数据中得到一只熊的颜色呢？已知的是什么？几何学上的一种状况——但这似乎是自相矛盾的：这只熊在按照描述的方式走了3英里路以后，怎么可能回到它的出发点呢？

解答：你认为这只熊是白的而P点是在北极？你能否证明它是正确的？过去这个问题多少有点不言而喻，所以我们现在来对它做理想化的解释。我们将地球看成是一个规则的球体，把这只熊看成是一个移动的质点。这个点向正南或正北移动时，走过的是经线的一段弧，而它向正东移动时，走的是纬线的一段弧。在此我们必须区分两种状况：

如果这只熊回到P点所走的那条经线不同于它离开P点时所走的经线，那么P点必定就是北极点。事实上，在地球上除北极点只有在南极点才会有两条经线相交的情况，但是熊此时只能向北走，才能离开南极。

如果这只熊向东走，只有沿一个纬度圈走n次（n可以是1，2，3，…），它才有可能沿着它离开P点时所走的那根经线再回到P点。在这种情况下，P点不是北极点，而是一个非常靠近南极的纬线圈上的一点，这个纬线圈的周长以英里来表示时，稍小于$(2\pi+1)/n$。

笔记：以上题目，提示及解答的过程，从一个普遍性问题的解答的角度诠释了怎样解题。最初看到问题时，我觉得又是无聊的脑筋急转弯，而且自然而然地认为是北极熊。但是看到整个解题过程时，才明白了解题的思路。在此只做笔记供自己回味。

《怎样解题》虽然是以数学为背景讲述解题技巧，但其逻辑性、思辨性，和物理问题的解题非常相似。读书本身并不带有明确的目的，但是认真读过的书，一定会改变自己在一些问题上的看法。

读《给教师的101条建议》有感

中山市第一中学 荣 斌

近期，我读了《给教师的101条建议》一书（安奈特·L.布鲁肖著）。作者在书中提出了很多观点，使我感触颇深。书中每一条建议谈一个问题，有生动的实际事例，也有精辟的理论分析，涉及教育的各个环节，有教师教育孩子的体会，有课堂上意外发生后的思考，有转变观念的心得体会，有关爱孩子的回馈。这些建议简单易学，易于实践，给所有的新、老教师及时提供了他们迫切需要的帮助和培训：为教和学提供及时而有效的指导；为新教师提供各种实用的教学技巧；促使新教师和导师之间进行更多的探讨和互动；为老教师提供有益的指导方法和案例；为任何有意于自身提高的教师提供最实用有效的技巧策略。文字娓娓道来，内容循序渐进，有益于教师开阔眼界，提高教师教育教学和管理水平；能在改善学生与老师的关系上产生迅速而有效的效果，使教学效果"立竿见影"。

全书分6章（共包括101条建议），分别为"关于课堂管理"（20条）、"关于教学规划"（8条）、"关于课程指导"（17条）、"职业精神：优秀教师的态度和行为"（25条）、"积极与和谐：构建成功的师生关系"（23条）、"影响力：永不消散的教师魅力"（8条）。通过本书，我们可以体悟到，作者心目中的理想教师应该具备以下几方面的能力或者要求：课堂的掌控能力、课程设计能力、教育教学能力、职业示范性、师生协调能力和再学习意识与能力。通过对上述六个方面的整合、对比，我们也会发现，其本质与我国通常对教师的要求是一致的：班级管理能力、教育教学能力、良好的职业道德、人际交往能力和终身学习的能力。

书中有这样一条建议："要明白教学工作的艰难。"许多人对教师这个职业存在偏见，认为教师的工作太轻松了，有双休日，有公共假期，更能享受长长的寒暑假，何等的轻松惬意！只有做了教师，并且做一个认真负责的教师，才知道教育教学工作是多么的艰难、辛苦，有时还有风险。我们这些"人类灵魂的工程师"担负着修正偏航的灵魂的责任，这是一副沉甸甸的重担；我们的工作和付出触及学生灵魂深处，但恰是别人看不到的，承受的压力也是别人看不到的。所以，对于教师来说，要做好这份职业，首先要明白教师工作的重要性，要明白教师的价值所在。只有明白这些，我们才知道我们所从事的事业的伟大，才会更好地付出，才能一心一意地对待我们的工作，对待我们的这份事业。在明白教师这份职业的光荣和价值的同时，我们还要清晰地认识到教学工作的艰难。育人育才是一项系统性的工程，同时也是漫长的过程，它需要我们辛勤地耕耘和付出，需要我们用心、努力。在教学过程中，我们不仅要传授知识技艺，更要教会学生如何去做人。

在第35条建议"关注学生的优点"中，作者给我们讲了自己的亲身体验。

找出两个你认为最难教的学生，想想他们的一切，然后请你分别列出他们的优点和缺点，我预感你列出的缺点一定多于优点。但是要知道，每一次成功都孕育着下一次成功，所以我们需要转换一下思维，着重关注一下他们两人的优点。有一次，一位老师不停地跟我说，有三个学生让她焦头烂额，痛苦不已。我请她告诉我这三位学生的优点，她说："他们三个简直就没有任何优点。"但是，事实上每一个学生都有或多或少的优点。有时候，这些优点需要我们去寻找，去挖掘，但毫无疑问，它们的确是存在的。像往常一样，我在这位老师上课时，仔细观察了那三个学生的表现（碰巧都是男孩）。然后我又跟着他们一块儿上了另一位老师的一节课，没想到，他们三个竟然像是完全换了个人。我决定跟这位老师谈谈。我请她告诉我每个孩子的情况，并列出他的优点和缺点。这位老师做了如下的评论："温迪尔非常有礼貌，课堂内容对他来说的确难了点，但他一直在尽百分之百的努力。他有着出众的领导能力，还有一颗金子般的心，书法棒极了，作业总是非常工整，而且，他还是一个很好的听众呢。"对另两个男生的评价也是如此——更多地关注他们的优点而不是缺点。随后，我又问她，温迪尔学习起来有些吃力，她又是怎么帮他的。老师答道："我给他开小灶，他乐于学习，又有决心，所以很快就能赶上来。在班上，我还给他分配了许多任务，因为他总是能非常好地尽到自己的责任。我尽力帮他在每一天都有所收获，他的进步是有目共睹的。"

教育的奥秘就在于给学生以信心，而老师的赏识正是开启学生潜能之门的金钥匙。这种赏识会使学生对老师产生"士为知己者死"的信赖和真诚。因此，教师应充分发挥赏识的积极作用，认真了解每一个学生的特点，积极发现他们的长处，同时也要不断地反省自身的行为和态度，不要由于自己的不公正而耽误了学生的发展，不能仅仅以分数评价一个学生的好坏，而忽视了学生的其他方面，如品德修养、文明习惯、劳动态度等。

我们要关注学生的优点和积极面，做一个真心赏识自己学生的老师。联系自己的教育教学实际，我感觉还要做好下面几点：

用耐心去包容孩子。总是希望学生有完美的表现是极端不现实的，得到的也只能是无尽的失望；面对"调皮"的学生，常常觉得他们很不乖，越想越恼火。书中给出了几个有益的小方法：一杯常理，几勺耐心、宽容、恒心，积极的期望和向上的态度，再浇上满心的爱。所以我在教学中大多都是鼓励学生，他们犯错的时候尽可能地去鼓励他们，他们学习兴趣高了，学进去的也就多了。

用诚心去鼓励孩子。课堂纪律差时，一部分学生总是在讲话，很多教师心里都有疑惑：怎么现在的学生这么不听话，这么不守纪律？书中指出，孩子们讲话的原因是基于他们有讨论的需求。我转变一种管理方法，根据实际情况实践了书中讲述的方法：我找了几个上课经常讲话的学生，与他们进行沟通，了解其需求，引导他们调整并改变习惯；在以后的课堂上，因为他们几个纪律有所好转，我在课堂上大加表扬他们。于是，其他爱讲话的学生也慢慢收敛了，而我也及时进行了表扬。从此我的课堂纪律改善了许多。

用规范和积极的行为去引领孩子。作为教师，传授学生知识的同时还要传授其社交礼仪，这就需要教师自身具备较高的礼仪规范。一个良好的班级必定是有着积极、和谐的师生关系的班级。书中提出了许多构建成功师生关系的建议。这些建议需要我们不断摸索、努力实践才能很好地行之有效地付诸行动。"老师要关注课堂上积极的事情，要给予学生积极的期望，反馈也要积极。"读了这些建议后，我深刻地体会到"积极"这两个字的作用，无论我们面对任何教育问题，只要我们以积极的态度去处理，去表扬表现好的学生，或变个方法去鼓励那些犯了错误的学生，而不是一味地批评，相信学生定会从你的态度中读懂你的意思，进而走向成功。

读过此书，我印象最深的是最后一个章节——不要放弃任何一个孩子。

其中讲道，"优秀的老师，让差生变好，让好生更优秀。学生失败的同时，我们也失败了。"学生来自不同的家庭和不同的生活环境，不论在生活经历还是个性特点上都存在着一定的差异，每个人在各方面的能力也是不完全相同的。作为教师，不能整齐划一地去看待他们，特别是对于那些基础较差和个性怪异的学生，我们更应给予关怀和照顾。对于学习较吃力的学生，我们应该在教学中时时处处找机会帮助他们树立自信，鼓励他们与同学交流。对于性格怪异、调皮的学生，我们应该充分发现他们身上的闪光点，寻找契机对他们进行教育，让他们明白尊重是相互的。无论是在学习还是在生活上，我都尽量做到对每名学生细心呵护和照顾，做到因材施教，使每名学生的能力得到充分的发展。

教育故事就像长河里的涓涓溪流，平淡而又长远。平常中包含着经典，蕴含着永远。每天，每周，每月，记录一个小故事，将一个个鲜活的案例呈现出来，可以帮助更多的教师开阔视野，提升修养。让我们一起记录下身边发生的一个个教育故事，提升自己，也为他人提供一个范例。相信我们一定会有收获。

深挖教材，重构教学设计，剖析疑难，
组建认知结构

——读邢红军的《高中物理高端备课》有感

中山市第一中学　李中玉

　　以物理课程与教学理论为指导的《高中物理高端备课》在研究符合物理学内在逻辑、教学规律与学生学习规律的教学设计方面，体现了从知识到方法进而构建观念的教学思想。《高中物理高端备课》从教学组织、转变理论、科学方法、中心论和学生认知结构发展理论出发，结合课堂教学实践，探索形成了促进学生核心认识和关键能力发展的有效教学策略，有助于提高课堂教学的质量。我们在参加2017年广东省高中物理骨干教师培训期间，组织方邀请到了物理高端备课构建者、首都师范大学物理系博士生导师邢红军教授来做讲座，我有幸聆听了他现场讲解其高端备课的思想和内容。为此，我购买了他主编的《高中物理高端备课》，学习揣摩。以下是我看书后基于教学方面的思考，请读者雅正。

一、立足教材，弥补不足，重构教学设计，为一线教学提供有益的参照

　　教材是日常教学的基石。从教材知识结构和教学进度出发，以学生实际和教学理论构建教学环节、教学过程，是每一位教师备课时进行教学设计的主要任务。教材知识结构的呈现和教学案例前人都进行了大量、反复的研究，值得借鉴的地方很多。在进行实际教学时，面对不同的学生群体需要采

用与之相适应的教学设计和教学安排。编写《高中物理高端备课》的目的就是完善其中的不足，重构实践意义上的教学设计，为实践教学提出建议。该书主要对高中力学和电学中各版本教材的部分章节提出了作者自己的建设性意见，对实践教学有很好的借鉴意义。

例如，该书第一章第一节《力的合成》就很有参考价值。在这一节中，该书明确提出因力的合成是基于共点力的，所以在实际教学时应先讲共点力的概念再讲力的合成。现行教材先进行力的合成实验，再提出共点力的概念。两者在构建学生的知识结构方面，我认为都各有优点。前者强调力的合成和分解是针对共点力的，否则不具备等效性。这突出了"共点决定等效"这一条件。后者从实验出发，通过归纳总结得出结论，体现了物理学科知识的形成过程，强调了实验在物理学中的地位。两者各自采用了演绎法和归纳法来讲解知识，为学生构建知识结构。从学科知识的形成来看，演绎法呈现的是直线思维，遵循从原因到结果的推理方式，学生容易接受。归纳法呈现的是概括总结思维，遵循由多到少，化繁为简，从现象看本质的推理方式，学生接受起来有一定的难度，但它却是科学研究中非常重要的思维方式。如果只是让学生学会知识，遵循物理知识的内在逻辑性即因果关系来备课是合理的。尤其是在现在高中物理课时比较紧张的情况下，这种方式的教学设计和课堂教学，教学效果会更加突出。但缺陷在于这只是在培养知识的接受者，而不是知识的发现者。就创新思维的培养而言，教材的教学安排更具优势。因为实验是物理的基石，物理知识的建立必须由实验来决定。部分知识源自实验，即便不源自实验，也一定需要实验进行验证。因此，培养学生从实验中提炼归纳得出结论的能力，是物理教学中不可或缺的。

在教学过程中，教师可以根据自己培养方向的不同，选择不同的教学方式。学生对力的效果有丰富的生活体验的，先讲共点力的概念，还是先讲力的合成，对学生接受知识形成知识网络而言影响不大。后续即将学习的受力分析和牛顿第二定律会对这两个知识点再次进行整合，使学生能进一步理解这两个知识点。从能力培养的角度来看，教材安排比高端备课好一些。一般而言，高端备课对这一节的安排适用于层次相对较低的班级。让学生建立了相应的知识结构后，水到渠成地建立新的知识结构。教材的安排适用于层次相对高一些的班级。这些学生需要培养他们的归纳、分析、概括的能力，可以先不给相应的概念，让其在探究的基础上生成相应的知识。

二、解析疑难，整合理论，重构教学逻辑，为一线教学提供改善的方向

高中物理知识难学的主要原因在于其中存在很多学生难以掌握、理解的方法和概念。突破这些疑难，有利于学生学习物理。《高中物理高端备课》以教育理论为基础，解决了高中物理中存在的部分疑难，分析了教材和其他教学方式存在的不足，重构了适合实际教学，符合学生认知规律的教学过程。

例如，该书第二章第二节《电场强度》的引入思路就很好地突破了一线教学中遇到的疑难问题。电场强度这一概念一直以来都是学生很难掌握和理解的难点。

人教版是这样引入的：先采用演示实验得出离场源电荷距离不同的点，电场强弱不同的结论。接着又说，不同试探电荷在电场中同一点受力不同，所以不能用试探电荷受力表示电场强弱，但实验表明不同试探电荷在电场中同一点F/q的值是恒定的，不同点该比值一般不同。这个比值由电荷q在电场中的位置决定，与电荷q无关，是反映电场性质的物理量。在物理学中，就用比值F/q表示电场强弱。粤教版的引入也基本遵循这种方式。

这种陈述凸显了实验在物理学中的地位，但将本来抽象的一个概念变得离学生的认知更远了。要定量展示试探电荷在电场中同一个位置F/q的比值是恒定的，在当前高中教学实验环境下是很难实现的。这样的思维方式凸显了实验在物理学中的地位，但没有说明建立这一概念的意义。科学中的概念是为了逻辑推理解决问题而建立的。逻辑推理也是解决问题的重要手段之一。自伽利略以来，实验和逻辑推理互为补充、彼此印证已成为物理学中重要的研究方式。

《高中物理高端备课》的引入方法，我归纳整理如下。先提出电场对试探电荷有力的作用，为了描述这种作用的特性，需要引入一个新的概念。再提出既然描述的是力的特性，所以需要在电场中不同位置放入电荷来比较力的大小。直接用力的大小来比较，会出现参照标准不同带来的伴谬——同一点电场力学性质强弱无法确定。例如，电场中同一点，放电量大的试探电荷比电量小的试探电荷受力要大，那么这一点电场力的特性是大还是小呢？同样的，电场

中不同的两点，一点放大试探电荷受力大，一点放小试探电荷受力小，能判定哪一点力的特性强吗？显然是不行的。那么如果把同一个电荷放在不同位置，受力大的，能说明该点的力的特性强吗？显然是可以的。这两种比较方式的差别在于，前者没有统一标准（没有采用同一个试探电荷），后者统一了标准（采用了同一个试探电荷）。所以为了比较电场力的性质，我们要统一标准。最好的方式就是用单位电荷。不同试探电荷在电场中的不同位置受到的力都可以统一为单位电荷的受力，即F/q的比值。

这样的引入，在推理逻辑上更容易让人接受。因为标准的统一是比较的前提，是生活中常用的。这也是比值定义法的核心思想。比如，为了比较运动的快慢，采用相同时间内的位移来比较，这就是速度的由来。又如，为了比较物质的致密程度，采用了相同体积的物体的质量来比较，这就是密度的由来。这样的引入不仅有效地突破了电场强度这一抽象概念的教学疑难，而且还能让学生深刻理解比值定义法的意义。比值定义法是为了比较某种性质的大小而建立的比值概念。

《高中物理高端备课》立足于教材，结合教育理论，重构教学设计，剖析教学疑难，对实际教学有着很强的助力作用，是一本值得认真学习的好书。

我们不曾注意

——读《伍尔福克教育心理学》有感

中山市第一中学　张建军

知乎上说，男性跟女性读书涉猎的范围是不一样的，男性喜欢实用性较强的书，女性则更偏爱文学类。本想身体力行地反驳这个观点，翻看案头上的文学作品，结果兜兜转转还是觉得《伍尔福克教育心理学》更让我有阅读下去的欲望。仅读完第一章，我就觉得似乎有很多东西值得分享。

一、学生是多元化和高科技的一代

每名学生都是独立的个体，他们在民族、宗教信仰、语言、经济水平上差异日益悬殊。可是受大众传媒的影响，这些多元化的学生也具有相似性，他们比上一代人拥有更好的技术素养，表现出"高科技一代"的特点：几乎所有的学生都会使用互联网和手机。无论我们的身份是教师、娱乐工作者或者家长，都必须面对真实的、有血有肉的孩子。比如，小文五年级了，她是一个性格开朗的女孩，在城里一所中学读书，却总是喜欢隐藏自己的才能；贝贝是一位优秀的高中运动员，她家境殷实，被父母寄予厚望，却被诊断患有多动症；天天是一位小学二年级的学生，他对"符号"的理解非常困难，他已经跟不上二年级的课程了；冉冉是一个六年级的阳光少年，但是却存在严重的学习障碍；安安是一个小团体的头目，常常欺负流浪者；小杰在一所镇高中上学，他的成绩越来越差，他却对此无动于衷。显然，面对这样的学生，对教师而言尊重他们的多样性和复杂性，深入了解他们并与家长进行有效的合作才是最重要的。

二、自信无处不在

爱和智慧都是需要不断修炼的。在孩子的成长教育中，无论父母还是老师总会遇到各式各样的难题。其实，曾经我们都是教育专家，在教育的路上追寻，反而遗失了宝藏。为什么孩子咿呀学语、步履蹒跚的时候都是好孩子？孩子说话含混不清的时候，我们想到他未来会有清晰的口语；孩子走路东倒西歪的时候，我们想到他未来会有矫健的步伐。那个时候，父母都坚信自己的孩子能行，承认差异，允许失败。这个过程反映了世界上最基本的教育规律：原来，这种只管付出不求回报，只问播种不问收获，承认差异、允许失败的教育过程，充满着无私的爱，隐含着一种坚定的信念！正是这种爱和信念让每个孩子在学说话、学走路时都处于一种快乐的、幸福的放松状态。这种赏识教育好像是大部分父母与生俱来的能力。如今的你面对社会上复杂的竞争，学霸层出不穷，担心他输在起跑线上，你的初心还能保留几分？

爱的关键在于懂，几乎所有的父母都无可置疑地疼爱自己孩子。但是真正懂得如何去爱，拿捏好爱的分寸的人并不多，大多数父母都很茫然。每个孩子身上仿佛隐藏着两个小人，一个是天使，一个是恶魔。"天使"是指孩子身上与生俱来的潜力，他的优点、长处和我们希望在孩子身上发生的一切美好事物。"恶魔"是指孩子身上的缺点、短处和父母不希望孩子身上发生的一切不美好的东西。懂孩子的家长一言一行都在唤醒"天使"，不懂的家长可能会逼出小"恶魔"。父母教育孩子仅有爱是远远不够的，更要懂得如何去爱，孩子才会有好状态。不懂如何去爱，爱就变成了伤害。教育悲剧常常是父母不懂孩子，违反规律教育孩子，不是"揠苗助长"而是"压苗阻长"，甚至打着"为你好"的旗帜伤害孩子。在与孩子的相处中，我们深沉的爱是否总是智慧地给他们快乐成长的动力呢？《伍尔福克教育心理学》这本书给我们提供了很多类似的、丰富有趣的案例。研究表明，人在民主、宽松、愉悦、和谐的环境下能更快地接受信息，提高工作和学习效率。家庭是孩子的天然学校；父母是孩子的第一任老师，家庭教育对一个人来说，既是启蒙教育也是终身教育。因此，营造一个温馨、和谐、理智的家庭氛围是孩子健康成长的重要条件。给孩子创设一个适宜个性、智力发展的环境，实施科学的家庭教育尤为重要。所以在孩子的成长过程中，家长必须要做到以下几个方面：第一个方面是家长必须事事以身作则，给孩子树立起良好的榜样，让堂堂正正的人的形象留在孩子心目中。堂堂正正的人应该是一个正直的人、有责任心的人、言行一致的人、守时惜时的人……第二个方面，日常生活中，家长应尽可能地让孩子自己动手，做到自己的事情自己做，培养孩子的独立性，万不得已时，家长也应只是协助，不要包办代替。第三个方面，学习兴趣是开启孩子知识之门的金钥匙，只有激发起孩子的学习兴趣，才能使孩子专心致志地投入学习乃至入迷地从事某种实验或研究。在家庭教育中，家长要结合孩子的特点，多启发、多引导，培养孩子的学习兴趣，使孩子发挥自己的主观能动性，以促进孩子在知识技能和智力方面都得到发展，使孩子把学习当成一项持久的有兴趣的活动。家庭是孩子成长的第一所学校，也是铸造孩子良好性格和人格的重要场所。教育无处不在，教育孩子的自信也是无处不在的！

三、新手的成长

调查发现，在影响学生自我调控学习能力的众多因素中，学习策略、元认知水平、动机、自我效能四个因素与高中生学业成就和学业发展呈显著相关性。教师的自我效能水平对学生影响非常大。那些相信自己有能力进行有效教学的教师，会在课堂中建构一个促进学生真实学习发生的教学模式，并指导学生提高自我调控能力。而自我效能水平较低的教师，则常常依靠外部的诱导、消极的惩罚措施，或者依靠过度训练、大量"刷题"来逼迫学生学习，提高成绩。后者经常会面对混乱的学习环境，并且随着时间的推移会慢慢降低自己对实现教育目标的期望，而后这种不良的情绪也会逐渐影响学生自我效能的正常发展，造成学生学习困难。

优秀的教师和家长总是与孩子共同成长，相互成就。优秀的孩子与父母和老师的关系总是十分融洽。研究甚至得出从幼儿时期的师生关系上能预测孩子将来学习成绩的优劣。社会对教育的多元化要求、数字化时代教学方式和课程模块的革新、家庭生活的变化、教师权威性的降低，以及课程改革和招生方式的变化，都可能会降低教师对自我效能的自我知觉水平。在这种情况下，教师要更加注重为提升自己的自我效能创设环境，通过各种学习培训、参观考察、项目引领、同伴互助等方式，提高专业成熟度，适应新时代的教育要求，形成独特的教育教学风格。

　　书中的专业知识和案例让人折服，很多场景都让人似曾相识，但是解决的策略却是让人耳目一新，也许这就是这本书的独到之处吧。

读《高中物理教育论文写作》有感

中山市桂山中学　张会芬

"巴西学生什么都能背得很熟，但完全不理解自己在背什么。他们甚至能背出布儒斯特角的定义，但当他们通过偏振滤光片看海水，发现海水发出的光是偏振光时，他们却惊呆了！——因为他们的书本知识与真正的世界是隔绝的！"当我读到这些，我十分震惊！很明显，文中所描述的教育是肤浅无根的，甚至可以说根本谈不上是教育，因为它所教出的学生只是机械地记忆，完全浮于文字表面，没有对物理本质的理解。这让我不禁思考：作为教师，到底该教给学生什么？该怎么教？教学与论文写作又有什么关系？

一、教什么

首先，弄清楚物理学是什么，再谈该教什么。

物理学包括物理知识、物理方法、物理思想、物理观念和科学精神等。如果把物理学比喻成一棵参天大树，物理知识（一般包括力学、电磁学、热学、光学、原子物理学的相关内容）则包含了大量的概念与规律，就好比树叶多而繁杂；物理方法好比树枝，因为树叶和树枝的关联很好地表达了物理知识与物理方法的关系（物理知识需经由物理方法得出，类似于树叶从树枝中长出；远看大树时只见树叶不见树枝，只有近看才能看清楚树枝的形状，类似于物理知识显性而物理方法隐性）；物理思想（包含对称思想、守恒思想、等效思想、可逆思想、假说思想、比较思想、转化思想、相干思想、量子化思想和相对性思想）好比树干，因为"物理方法进一步升华形成物理思想"类似于"树枝长到一定程度就变成树干"，"树枝多且树干更有价值"类似于"物理方法多，但物理思想比物理方法更重要"；物理观念好比树根，因为"物理观念是物理思想的凝结"类似于"树根是树干的根基，是长成参天大树的基础"；科学精神好比大树生长过程中所需要的水分和养料，它不构成大树本身，却是大树生长不可或缺的。

通过上面的形象描述，不仅可以看出物理学包含什么，还能知晓作为一名物理教师，应该教会学生什么。物理教育包括物理知识教育、物理方法教育、物理思想教育、物理观念教育和物理精神教育。在平时的教学过程中，我们除了要关注"知识与技能""过程与方法""情感态度与价值观"，还要渗透科学思想和学科观念，提升学生的综合素养，以促使学生成为一个全面发展的人。芬兰的高质量教育就是一个很好的例子。尽管芬兰是一个小国，人口只有500多万，教学质量却很高。芬兰教师录用筛选十分严格，专业培训也很系统，教师专业素养很高，不仅会教，还会研究。芬兰教师在教学过程中善于挖掘学科本质，提炼学科思想，不仅教会学生知识，更教会学生获得知识的方法和思想等。对此，我们在教学过程中应吸取巴西教育的教训，积极向芬兰学习。

二、怎么教

1. 物理学科结构化处理

对物理学科结构化的把握体现在科学方法上。具体来讲，要明确知识脉络和框架，对物理学的结构有足够精细的认识，针对教学中的重难点或易错点提炼出富有教学性的物理方法。很多教学一线的教师经过长期摸索概括提出了很多具体而又实用的科学方法，如"整体法与隔离法"等。这打破了科学方法的隐性化特点，彰显了科学方法的显性化。

2. 注重物理思维过程

首先，要对思维方法进行显性化，即时刻关注学生的思维过程和心理逻辑，在思维层面上做到步步为营、丝丝入扣、一以贯之，这就要求教师要明确每一个教学环节的过程、来源与因果关系，也就是既要讲清楚"是什么"，而且要讲清楚"为什么"。

形象地说，教学过程中思维方法的显性化（教学中不仅要教会学生怎么去解决问题，还要让学生体会到解决问题时所用到的科学方法）好比电视直播过程中高手操作方法的显性化（直播过程中，高手一边操作一边讲解自己的想法，观众不仅知道了该怎么操作，而且还知晓了每一步具体操作背后的依据）。例如，中学物理教学中密度、电容、电场强度、电势差、电势等概念的教学不仅要讲明白概念是什么，还要讲明为什么要这么比，即显性化比较的思维方法。又比如，涉及多个物体的力学问题，受力分析时常常用到"整体法与隔离法"，教学时，教师除了要讲明研究对象以及加速度时应优先考虑整体法再用隔离法等外化操作，还要让学生体会到整体与部分、系统与要素、分析与综合的思维方法。

其次，探查思维方法的心理动因也很重要，因为学生不仅有思维的薄弱点，还有大量的潜意识和朴素的动机。对薄弱点的关注自然不言自明，对潜意识的分析，对思维定式的破除，对前概念的转变和深刻掌握思维方法都有极大的用处，对朴素动机的研究有利于顺势引导、找准教学起点或切入点等。

3. 注重物理高端备课

高端备课要求实现生态化的物理教育，其中原始物理问题的引入是一条重要的途径。物理高端备课不仅要明确"做什么""如何做"，还要基于深度的理论思考，在教学中论证"为什么要这样做"，使显性化的科学方法成为教学内容和教学依据，并在高端备课的过程中呈现这些思考，使之成为教学逻辑表达的载体。而如何实现物理高端备课呢？首先，确立主题，这是教学中的重难点；其次，查阅资料，整理出常见的几种处理方法，分析优劣，并据此提出存在的共性问题，找出这一问题折射出的问题本质并加以罗列；最后，针对这些问题，提出自己的解决方法和该方法所体现出的物理思想和物理观念等。

三、教学与论文写作之间的关系

表面上看，不写论文、不搞研究，一样可以把书教得很好。教学成绩好又受学生欢迎，书中所提到的晏才宏老师就是一个例子。曾经，我也这样以为：教学与论文写作之间压根儿就没有关联，一线教师只要把书教好就行了，完全没必要写论文、做课题研究。最近，我的想法发生了很大的转变。写作就是把实践经验和教学过程中的感悟、灵感等通过更深入的思考转换成自己的教育智慧，再以合适的形式表达出来。简单来说，写作就是思想的外化。一个时常写作的教师，一定是一个有思想、有教育智慧的教师。如此有思想、有教育智慧的教师，教学水平自是不在话下。可见，写作有利于教师教育智慧的生成，对教师专业水平的提升具有关键性的作用。而教师教育水平的提升对教学而言也大有裨益，即教研相长。

以上就是我读《高中物理教育论文写作》一书之后感触最深的几点。日后，我要提高自己的写作水平，早日突破职业生涯中的"高原现象"。具体来讲，就是多读书，多学理论，从书中吸取营养，把经验加以总结，把感性的、隐性的、不自觉的经验提升为理性的、显性的、自觉的方法，生成属于自己的教学智慧，在新的生长点上不断突破自我、完善自我，力争在教育的路上走得更远！

《学习的本质》读书心得

中山市第一中学　钟　路

作为物理教师，与人聊天时，对方总会说他（她）当年学得最差的就是物理，好像物理是所有学科中最难学的一样。也不知是大家一遇到物理老师就爱聊这个，还是物理真的很难学。物理教师还经常遇到另一个问题——学生上课都能听懂，一到考试就不会。本着解决这个问题的目的，我读了《学习的本质》一书，因为是译本的原因，确实有些晦涩难懂，但我还是就自己所看到的写了一些自己的想法。

书中主要介绍了三个部分的内容。

一、关于学习的概念

作者指出，学习不是像电脑一样在白纸上记录，也不完全是一个刺激互动的训练过程，作者接受了建构主义的理念，认为学习是对知识的重新建构。作者在书中不厌其烦地对这个观点进行了阐述和强化。作者认为学习者是有知识背景的，学习者根据这个知识背景对需要学习的知识进行判断，选择是否接受新的知识。在接受知识的过程中与原有知识结构进行比较，在冲突中吸纳新的知识，对原有知识结构进行重组，形成新的知识结构并以此循环。

对于这一点，我是十分认可的。在学习闭合电路欧姆定律时，学生无论如何都觉得电源两端的电压等于电源电动势。在反复的答疑过程中，我才发现问题出在学生学过的前概念上。初中学习电路时，一节干电池两端的电压就是1.5V，这个概念是如此的深入人心，高中教师若不精心设计教学，几乎很难让学生改变这个认知。我现在一般会用实验引入，如图1所示。

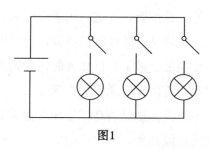

图1

实验前，我先让学生判断：从左向右依次闭合开关，最左边的灯泡亮度会如何变化。学生基于自己的初中知识，大部分认为最左边灯泡的亮度不变，但事实却是最左边的灯泡会随并联灯泡的增多而逐渐变暗。这时学生的认知受到挑战，在这种冲突中建立新概念的效果是最好的。

冲突是学习的起点，只有引发冲突，在冲突中辩论思考，学习者才能够对原有的知识体系进行审视、更新和重构。我们接受智能手机替代PC，接受屏幕键盘替代实体键盘都经历过这个冲突。很多学生学不好物理，是因为他们在新概念的学习过程中没有遇到冲突，自然没有真正建立新的概念，所有的知识还是停留在记忆的层面，所以他们才常说："我上课明明听懂了。"这个听懂只是直接接受老师的说法，但没有构建新的概念。

二、关于文化与环境背景

作者强调了这个观点，从生物学和社会学多个角度来强调背景的战略意义。背景会促进也有可能排斥新的学习，也就是原有的知识结构会形成"学习墙"。如何突破"墙"，需要借助"教"的技术手段。遗憾的是作者并没有从逻辑上对这个观点进行证明，只是不断地重复、阐述和强调。作者认为，教育者应该充分了解、尊重学习者的知识背景，扮演引导者、约束者、导演等角色来帮助学习者突破"学习墙"。教师要创造环境来帮助学生加深印象，根据学生的背景，借助多媒体创造对知识点的不同体验的情境，引发学生间相互观点的冲突，调动学生的兴趣，才能更好地帮助学生进行学习。

我们也经常会听到这样的话：你要好好学习，你要认真听讲……我们一厢情愿地认为只要经常这样念叨，学生就会学好。事实上，学生的学习远不止这样简单的教导。

就像质点的概念不应该让学生在书上把"当物体的大小和形状在研究的

问题中可以忽略时，物体可看作质点"这一句话画出来。这种干瘪的教学只是简单的说教。教师应该注重的是提供合适的情境，让学生在情境中思考，并最终获得知识和体验。学生亲手去做了，自然就能体会到为什么研究地球绕太阳转动时，地球能看作质点。这比任何说教都更深入人心。物理是教学生学会思考的学科，结论是什么不重要，重要的是学生面对生活情境时，能否合理地建立模型，能否进行合理的近似处理。

我们现在总说核心素养，有人认为现在教师不该教知识了，该教能力了。其实，脱离了知识，哪来的能力培养？在一次培训中，听到教育部的专家说，所谓核心素养，就是学生面对真实情境的应对能力。所以我们教师还是该教知识，只不过不能只教知识本身，而是重点创设情境，在情境中渗透知识，学生在情境中应用知识，能力自然就提升了。

三、学习的进程不是线性的，是波动的

学习的过程是一个冲突、质疑、争论和接受的过程，学习从来都不是简单的过程。越接近物理原型的理论越接近科学的本质，作者用波动性来解释学习的进程，个人觉得特别形象，有助于读者的理解。

这个观点很有现实意义，当下付费知识、碎片化学习、网络直播、网络课程的概念和演绎层出不穷，快餐式的学习非常盛行。任何真正的学习都需要经过一个冲突的过程才能够实现。我读过两本记忆方法方面的书，对于记忆来说，的确可以有些窍门，但这种记忆不是知识，应付考试什么的可以，用来作为学习的方法是不行的。知识要组织到自己的知识体系中才能够在实际中得到应用。

学习不能投机取巧，学习理论只能够帮助学习者和教育者发掘学习的动机，突破"学习墙"，创造条件，营造情境来形成知识冲突，引发思考，引导学习者破"墙"而出，并不能帮学习者思考，也不可能像电脑一样写进学习者的大脑。

反思那些在物理教学中渗透的故事

中山市第二中学　黄德斌

物理学的发展史上有很多关于科学家的故事，而且大多新鲜有趣，这些故事为我们提供了丰富的教学素材。我们在物理教学时也会或多或少地引用一些物理学史的故事或材料。但在教学实践中我们发现，如果只是把这些内容当作一些识记的材料教给学生，这样做不仅没有实现这些素材的教育价值，在不进行正确引导的情况下甚至会让学生形成一些片面或错误的认识和价值观。例如，很多学生学完高中物理后觉得牛顿的主要贡献就是牛顿三大定律和万有引力定律，他所做的工作好像就是站在伽利略、笛卡尔、胡克等这些巨人的肩膀上对以往的知识进行高度的概括和总结而已。

反思我自己的教学，以前在讲到牛顿运动定律时，也没有过多地对牛顿在研究过程中所做的一些工作进行介绍，讲到万有引力定律时，也不太重视牛顿在建立万有引力定律时的思考过程，有时还会把牛顿与胡克间的故事当作趣话来调侃，学生听后笑一笑也就算了。有一次在整理题目时发现一道如例1这样的选择题：

【例1】（2009广州一模，1）万有引力定律的发现实现了物理学史上的第一次大统一———"地上物理学"和"天上物理学"的统一。它表明天体运动和地面上物体的运动遵从相同的规律。牛顿在发现万有引力定律的过程中将行星的椭圆轨道运动假想成圆周运动；另外，还应用了其他的规律和结论，其中有（　　）。

A. 牛顿第二定律

B. 牛顿第三定律

C. 开普勒的研究成果

D. 卡文迪许通过扭秤实验得出的引力常数

一般的学生很难答对这道题目。这说明不管是我们的教学，还是学生的学习，大部分时间都花在了理解和运用上，而对概念与规律的建立过程并不是太重视。全国卷的高考物理试题也重视对物理学史的考查，如例2：

【例2】（2013全国新课标Ⅰ卷，14）如下表所示是伽利略1604年做斜面实验时的实验数据，实验数据上左上角的三列数据如下表所示，第二列是时间，第三列是物体沿斜面运动的距离，第一列是伽利略在分析实验数据时添加的。根据表中的数据，伽利略可以得出的结论是（　　　　）。

伽利略1604年做斜面实验时的实验数据

1	1	32
4	2	130
9	3	298
16	4	526
25	5	824
36	6	1192
49	7	1600
64	8	2104

A. 物体具有惯性

B. 斜面倾角一定时，加速度与质量无关

C. 物体运动的距离与时间的平方成正比

D. 物体运动的加速度与重力加速度成正比

这些以物理学史资料为背景的题目的提问方式引起了我的思考：命题者并不是考查学生对史料的简单记忆，而是试图通过让学生在读题和解题的过程中经历当时科学家在科学发现或发明中所经历的一些探索过程或思维过程。那么，我们平时在引用这些材料进行教学时，是不是也可以挖掘一下这些素材在知识层面以外的教育价值呢？

我最近在网上看到一篇文章——《鬼话连篇：荒诞量子力学》。文章阐述了数学在科学发展中的作用，列举了一些理论背后强大的数学解释的例子。文章的最后附了一张1927年在比利时布鲁塞尔召开的第五届索尔维会议上物理

208

学家们的合照，并幽默地说：连鬼遇见他们都会被公式算出轨迹。

第五届索尔维会议与会人员合影

后排左起：A.皮卡尔德（A.Piccard）、E.亨利厄特（E.Henriot）、
P.埃伦费斯特（P.Ehrenfest）、Ed.赫尔岑（Ed.Herzen）、Th.顿德尔
（Th. de Donder）、E.薛定谔（E.Schrodinger）、E.费尔夏费尔德
（E.Verschaffelt）、W.泡利（W.Pauli）、W.海森堡（W.Heisenberg）、
R.H.否勒（R.H.Fowler）、L.布里渊（L.Brillouin）

中排左起：P.德拜（P.Debye）、M.克努森（M.Knudsen）、W.L.布
拉格（W.L.Bragg）、H.A.克莱默（H.A.Kramers）、P.A.M.狄拉克
（P.A.M.Dirac）、A.H.康普顿（A.H.Compton）、L.德布罗意（L. de
Broglie）、M.波恩（M.Born）、N.玻尔（N.Bchr）

前排左起：I.朗缪尔（I.Langmuir）、M.普朗克（M.Planck）、M.居里夫
人（M. Curie）、H.A.洛伦兹（H.A.Lorentz）、A.爱因斯坦（A.Einstein）、
P.朗之万（P.Langevin）、Ch.E.古伊（Ch.E.Guye）、C.T.R.威尔逊
（C.T.R.Wilson）、O.W.里查逊（O.W.Richardson）

　　的确，纵观人类的发展历程，我们发现，早期的知识体系常常用"故
事"构成理论，在许多被称为经典的著作中，很少看到有图表或数学公式。在
中学物理课本中常常出现的古希腊学者亚里士多德的研究也很少涉及数学，即
使有也只不过是对数学进行哲学反思。中国古代，更缺乏对数学的重视和研
究。杨振宁认为，近代科学之所以没有在中国萌芽的原因之一是中国的传统里
面没有推演式的思维方法。直到伽利略、牛顿时代，人类才算系统地将数学应
用到科学研究中。在这之后，科学迅速发展，到现在也只不过短短的几百年时
间。可见，数学（或者说把数学应用于科学研究的思维方法）在科学发展中的
作用是很关键的。看到这个内容后，我再来反思，觉得在牛顿运动定律的教学

中，其实也可以通过牛顿的故事和他的工作，渗透一些科学方法方面的教育，让学生正确认识牛顿的主要贡献，认识数学在物理学习和研究中的作用，树立正确的价值观。如果只是让学生认为是牛顿的三大定律成就了牛顿的伟大，那就大错特错了。虽然我们在中学阶段接触到的物理知识还比较少，但可以给学生介绍牛顿的著作《自然哲学之数学原理》。牛顿在序言中就指出，在本书中致力于展现与哲学相关的数学。《自然哲学之数学原理》中全部的命题都来自现实世界，全部的论述都是完全数学化的。牛顿系统地把数学应用到哲学、科学的研究中，这才使原来的哲学和科学分开，构建了经典的物理学体系，揭开了物理学的序幕。如果没有超凡的数学才能，没有数学作为工具和语言，牛顿在物理学上的成就不可能达到比伽利略、笛卡尔等人更高的高度。很多人说，21世纪某个学科会很有发展前景，其实是把牛顿、伽利略等人所创立的研究方法应用到他们的研究当中。很多学者仿照牛顿的做法，将数学应用到生物学、经济学和心理学的研究中，使数学发展出一个新的分支：统计学。我们在高中物理的教学中很少提及数学在物理学发展中的作用。从知识层面来看，中学物理应用到的数学知识并不算复杂。有一次，在学习中我听到一位物理特级教师这样开玩笑地强调数学对物理学习的重要性："同学们在高中学数学是为了什么？其实就是为了学习物理而服务的。平时生活中买菜数钱等是用不到$\sin\theta$、$\cos\theta$、求导这些知识的，但在解决物理题目时就经常用到数学。"这样说虽然有点绝对，但也有一定道理。虽然高考的考试大纲要求考查学生应用数学处理物理问题的能力，但很多学生认为这种能力只是计算能力。我们目前的教学很难让学生认识到数学对物理学习的作用并把数学与物理的学习真正结合起来。

还有很多物理学史的素材，只要深入挖掘，除了知识层面，还存在很多教育的功能，如对科学思维和科学方法的培养、对学生正确的价值观的形成。如果学生只记住了伽利略做了个理想斜面实验就得到了"力不是维持物体运动的原因"这个结论，这对他的学习、生活其实没有什么作用，但如果能够让学生从伽利略的研究过程中体会到"实验+推理"这种研究方法的意义，对他以后的学习和发展是有用的，因为知识可能忘记，但思维和方法会终身影响他所做的每一件事，体现在每一个细节当中。我们渗透在物理教学中的物理学史的故事，不应该仅仅把这些材料当作知识传授给学生，更应该深入挖掘这些材料在人文精神、科学思维等方面的育人价值，使学生即使把某些知识忘掉后，还剩下一些对他们将来终身发展都有益的素养。

参考文献

［1］小学僧.鬼话连篇：荒诞量子力学［DB/OL］.［2018-08-26］.www.ak186.com/html/180826001523850.html.

［2］杨振宁.《易经》对中华文化的影响［R］.北京：2004文化高峰论坛，2004.

［3］龙瓦尔·赫拉利.人类简史：从动物到上帝［M］.林俊宏，译.北京：中信出版社，2014.

学习《核心素养导向的课堂教学》读书笔记

潮州市饶平县第二中学　　钟勇龙

通过对《核心素养导向的课堂教学》的学习，我了解了它与学科课程教学的关系。一方面，核心素养指导、引领、辐射学科课程教学，彰显学科教学的育人价值，使之自觉为人的终身发展服务，使教学升华为教育。另一方面，核心素养的达成也依赖各个学科独特育人功能的发挥、学科本质魅力的发掘，只有乘上富有活力的学科教学之筏，才能顺利抵达核心素养的彼岸。

核心素养还是学科壁垒的"溶化剂"。以核心素养体系为基础，各学科教学将实现统筹统整。对于我们教师而言，这是个巨大挑战。首先是观念转型——教师要从"学科教学"转向"学科教育"。学科教师要明白自己首先是教师，然后才是教某个学科的教师；首先要清楚作为"人"的"核心素养"有哪些，学科本质是什么，才会明白教学究竟要把学生带向何方。这也是从"知识核心时代"走向"核心素养时代"的必然要求。

对核心素养的培养，可以给学生带来些什么？基于核心素养完善学业质量标准，还可能改变中小学评价以知识掌握为中心的局面。一个具备核心素养的人与单纯的考高分并不能画等号。核心素养还会对学习程度做出刻画，进而解决过去基于课程标准的教学评价可操作性不强的问题。

我的理解是，核心素养的研究是为了应对21世纪特别是知识经济的挑战。伴随着信息技术革命的飞速发展，人类在21世纪进入了知识经济全球化和信息化时代，核心素养是对这个大时代的应对（核心素养具有鲜明的时代性和全球化特征）。物理核心素养主要包括物理观念、科学思维、实验探究、科学态度与责任。

　　物理核心素养是学生在接受物理教育的过程中逐步形成的适应个人终身发展和社会发展需要所必备的品格和关键能力，是学生通过物理学习内化的带有物理学科特性的品质，也是学生科学素养的重要组成部分。教师要努力转变教学行为。现在的物理教学要由注重结果到注重过程，由注重知识的传授到注重核心素养的培养。怎样才能有利于学生对物理学科核心知识的掌握，并且提高学生的物理核心素养呢？这就要求我们必须实现三位一体教学目标的全面落实。

　　首先，对基础知识讲解要透彻，分析要细致，否则会导致学生基础知识不扎实，给学生以后的继续学习埋下祸根。例如，在讲解"摩擦力的方向"时，静摩擦力方向与相对运动的趋势相反，滑动摩擦力的方向与相对运动相反，要特别注意"相对"的问题，要通过各种有代表性的实例，最好能让学生亲身体验，再通过典型例题来突破。如果对"相对"讲解不透彻，学生在后面的学习中，就经常会出现对摩擦力的方向判断错误的现象。

　　其次，在认知水平上，要尽量设计符合学生认知规律的教学方案，要注重学生的学习过程和情感体验，而不能在课堂上一味地增加课堂的容量，要留给学生足够的思考时间，让学生充分理解消化，这样才能使学生对知识产生亲近感，从而从内心乐于接受新的知识，使知识变得更易识记，更易掌握。例如，在"匀变速直线运动"的学习中，很多教师都习惯在黑板上对运动公式进行推导，接着讲解例题，然后总结解题规律。整个教学过程，表面上看，通过了一系列的流程，教师会认为学生对匀变速直线运动的公式掌握得差不多了，实则不然。很多学生经历了几个星期的学习也不能把位移与时间的关系、速度和时间的关系、位移和速度的关系式真正掌握好。原因是教师忽略了学生亲身经历探究规律的过程，没有切身的体验，知识就不能内化为自身的东西。所以，教师要准确把握核心素养的目标，优化教学方法，有目的地引导学生自己去推导、总结和归纳，这样学生才能把各个公式之间的联系和区别弄清楚。

　　最后，要注重实验探究。实验可以拉近理论与实际的距离，同时也可以加深学生对知识的理解，所以应该通过实验教学来促使学生主动学习物理，增强学生的探究精神和实践能力，并发展学科兴趣。例如，让学生探究"合力与分力的关系"，学生在操作过程中，同样把结点拉到O点，就能理解合力与分力的等效替代关系。通过力的图示，把力准确地表示出来以后，经过探究，得出平行四边形定则。经过这一过程，学生对合力与分力关系的认识会感觉更加直观和具体，而且对以后的其他矢量运算理解会更加到位。

在教学中，教师能以先进的教学理念进行教学，将会事半功倍。这不仅让学生学到了科学知识，也学到了科学研究的方法，增强了科学能力，养成了正确的科学情感、态度和价值观。同时学生也能正确认识科学、技术与社会的关系，这将大大提高学生的科学素养水平。

读《陶行知教育名篇》有感

中山市纪念中学　杨立楠

　　有人说，作为一位教师，如果不读陶行知，不去积极实践陶行知的理论，那就是几乎还没有触及中国教育的实质，如盲人摸象，又如沙地建楼，岂不误人误国？带着对陶老先生的敬重，我读了《陶行知教育名篇》，期待能从陶老先生的文章中悟出一些道理，同时能这把些道理应用在教育教学中，师生共同受益。

　　陶老先生在文章中多次提到教育的实质、教学合一、生活即教育、民主教育、教育信条等字眼。其中我印象最为深刻的是关于教育信条及生活即教育的论述。1926年11月21日，中华教育改进社特约乡村学校召开了第一次联合研究会，陶老先生在会上发表了题为《我们的信条》的演说。他的信条共有18项：

我们深信教育是国家万年根本大计。

我们深信生活是教育的中心。

我们深信健康是生活的出发点，也就是教育的出发点。

我们深信教育应当培植生活力，使学生向上长。

我们深信教育应当把环境的阻力化为动力。

我们深信教法、学法、做法合一。

我们深信师生共生活、共甘苦，为最好的教育。

我们深信教师应当以身作则。

我们深信教师必须学而不厌，才能诲人不倦。

我们深信教师应当运用困难，以发展思想及奋斗精神。

我们深信教师应当做人民的朋友。

我们深信乡村学校应当做改造乡村生活的中心。

我们深信乡村教师应当做改造乡村生活的灵魂。

我们深信乡村教师必须要有农夫的身手，科学的头脑，改造社会的精神。

我们深信乡村教师应当用科学的方法去征服自然，美术的观念去改造社会。

我们深信乡村教师要用最少的经费办出最好的教育。

我们深信最高尚的精神是人生无价之宝，非金钱所能买得来，就不必靠金钱而后振作，尤不可因钱少而推诿。

我们深信如果全国教师对儿童教育都有"鞠躬尽瘁，死而后已"的决心，必能为我们民族创造一个伟大的新生命。

18项信条无一不体现"捧着一颗心来，不带半根草去"的教育情怀。虽然时隔多年，但是读着这些质朴、发自内心的教育信条还是为之感动和激励。当今社会，有多少教育工作者走着走着就偏离了轨道，迷失了方向，缺少的不正是这种不忘初心、始终如一的教育情怀？18项信条看似从不同的角度阐述了教育的实质，实际上归结为一句话：热爱教育事业并为之而努力工作。少了教育的热情，这些信条看上去就失去了应有的光彩。常常会听到身边同事的抱怨和牢骚，抱怨家长、抱怨社会把教育的责任一股脑地抛给了教师是何等的不应该。同事虽然嘴里吐槽着一些对现实教育现象的不满，但还是认真地改着手中的作业，还是不知疲倦地辅导着学生，为什么？我想，多数是因为他们听从着内心的声音，因为我们面对的是最纯真的孩子，是国家和未来的希望。

书中提到的"生活是教育的中心"，我是这样理解的：教学的中心应该不能脱离生活，反而应该依托生活。离开了生活的土壤，教育便没有了意义，教育就成了伪教育。我所教的学生都是高中生，学生每天都被铺天盖地的作业包围着，每天都在不停地"刷题"赶作业。在这种紧张的学习氛围下，"生活是教育的中心"这句话为我们敲响了警钟。因此，每个周末我都会给学生留一个家庭作业，如帮家长做家务，炒一道菜和家人共享晚餐，沏一壶茶和家长聊聊天，给弟弟妹妹讲故事，陪伴家人一起去散步，去见见老同学等。这些零星的生活琐事难道不是我们教育的中心？当下的孩子缺什么？缺少的不是文化知识，缺少的是敢于担当的责任感，缺少的是亲情的陪伴，缺少的是一颗感恩的心，缺少的是团队合作意识，缺少的是抗挫折的能力。而这些能力都来自我们原汁原味的生活，因为生活才是教育的中心。

此外，我做班主任时心中一直有这样一个信条：我是学生的老师，也是学生生活中的朋友。一直都有教师在耳畔说，要做好班主任，要顺利地开展班级活动，就是要和学生保持距离，老师就是老师，学生就是学生。我一直不认同这种观点，为何要在老师和学生之间画一条界限，就好似把教和学画了一条界一样的别扭。学生信任我，是从我把他们当作朋友一样对待开始的。学生生病了，我会把爱心早餐带到他面前；学生想画画，想读美术专业，我会和她一起找美术专业老师咨询，请老师指点迷津；学生下午体育课要参加长跑体能训练，我会带着一兜的巧克力来到运动场；学生体育课要进行排球考试，我（物理老师）会跑到体育课上手把手地教他们垫球的技巧；学生因为违反校规被处罚，我会和他一起想办法，一起反思，一起找出路；学生因为活动冲突不能参加班级的劳动大扫除，我会代替他和其他学生一起进行扫除。在学生的眼里，我是班级里不可缺少的一个成员，和他们没什么不同。我们"共生活，共甘苦"，就是这样吧。

陶老先生在《谈传统教育与生活教育》一文中提到，传统教育是吃人的教育，一种是教学生自己吃自己，一种是教学生吃别人。

一、传统教育

1. 教学生自己吃自己

传统教育教学生读死书，死读书；它消灭学生的生活力，创造力；它不教学生动手，用脑。再加上要经过月考、学期考、毕业考、会考、升学考等考试，到了大学毕业，足也瘫了，手也瘫了，脑子也用坏了，身体的健康也没有了。这叫作读书死，这就是教学生自己吃自己。

2. 教学生吃别人

传统教育教人劳心而不劳力，它不教劳力者劳心，甚至说："劳心者治人，劳力者治于人。"说得更明白一点，就是教人升官发财。

二、生活教育

1. 不教学生自己吃自己

生活教育要教人做人，要教人生活。健康是生活的出发点，陶先生第一就注重健康。简单地说来，它是教人读活书，活读书，读书活。

2. 不教学生吃别人

生活教育不教人升官发财，只教中国的民众站起来做主人，做自己的主人，做政府的主人，做机器的主人。说得更清楚些，就是教大众以大众的工作养活大众的生命；以大众的科学明了大众的生命；以大众的团体的力量保护大众的生命。

对于传统教育和生活教育的区别，我是这样理解的：传统教育的眼界放在个人的利益上，不利于终身发展，而生活教育的眼界放在大千世界上，有利于终身发展。当下提到学生的发展，最火爆的词就是核心素养。我国培养学生的核心素养以培养"全面发展的人"为核心，分为文化基础、自主发展、社会参与三个方面，综合表现为人文底蕴、科学精神、学会学习、健康生活、责任担当、实践创新六大素养。这六大素养不正是陶老先生所提出的生活教育吗？我身边的一位知名语文特级教师韩老师曾说："我的学生，从来不提倡天道酬勤，我的学生热爱生活，会玩，玩着玩着就玩出了好成绩！"这道出了多少学生梦寐以求的学习态度。如果教师本身不转变教育观念，不提倡生活教育，学生怎敢奢望用玩的态度玩出好成绩。韩老师是这样带着学生玩的：带着学生一起孵化鸭子，带着学生一起演话剧，带着学生一起看电影，带着学生一起学习十九大。学生从热爱生活到热爱学习，从学习是为了升学到学习是为了实现中华民族伟大复兴的中国梦。这样的学习动力怎能不学出好成绩。学生本是热爱生活的，就看教师是否给学生创造这样的学习舞台。我的班会课上，学生以宿舍为单位，自编自演以"团结""自律"为主题的情景剧，每个人都参与其中，这样的班会形式，学生乐在其中，同时深刻地感受到了团结、自律的重要性。段考后，班会课上不谈成绩，学生以"说说我的心里话"为主题进行朗读，轻松缓解了学生的学习压力。我始终相信，学生在学习的过程中从来不缺少压力，少的是学习的动力。

陶老先生在18项信条中提到，教师必须学而不厌，才能诲人不倦。在教书育人的道路上，教师也该本着生活即教育的理念，努力前行时不忘欣赏沿途的风光，拥抱生活，热爱生活！

人生路上无捷径

潮州市高级中学 段 红

　　光阴似箭，日月如梭。一转眼来潮州工作已经12年了，仔细回顾自己走上课堂的过程，细细品味各种教育教学过程中的细节，我感慨良多。在平凡普通的日子里，生活突然有一天给了我一个大大的惊喜。2018年，我有幸成为广东省中山市华琳名师工作室的学员，认识了华琳老师，向她跟岗学习了两周，并获得了华琳老师赠送的《物理教育的苦与乐》一书。

　　一开始我被华老师所取得的各种教育教学成绩所震撼。一位普普通通的中学物理教师，从1996年从江西省举家搬迁来到广东省中山市，到现在成为广东省首批中学正高级教师、广东省中山市华琳名师工作室主持人、新一届广东省人大代表。所有的这一切都让我崇拜羡慕不已，并经常称她为人生的赢家。然而当我以崇拜的心态通过《物理教育的苦与乐》逐渐走进华琳老师精彩的教育天地，感悟到她的教育情怀时，我被深深地感动了，深刻地明白了任何人的成功都离不开坚持不懈的努力和持之以恒的精神，每一次的进步都源于脚踏实地的埋头苦干，人生路上无捷径。

　　由于学科特点，高中生普遍都觉得物理比较难，有时甚至在这一科上花了较长时间也没有得到较好的成绩，对物理的学习兴趣不高。高中物理从知识要求和能力要求来看，差距是各科中最大的。那到底为什么她的学生会对物理如此感兴趣？是什么方法使华琳老师的教学效果如此突出？这是同为物理教师的我最好奇的问题。

　　教师精神饱满、神采奕奕地站在讲台上，能有效地感染学生，使其心情愉快，接受知识快，思维也变得敏捷，能提出有用的问题，并能积极解决问题。华琳老师就是这样做的！一直坚守在教育一线的她，不管多忙多累，即使有病痛缠身，对待周围所有的人也都是笑眯眯的，脸上总是能够呈现出孩子般的笑容。

当然，要让学生发自内心地去尊敬、爱戴一位老师仅有这些是不够的，更重要的是要拥有能深深吸引学生的精彩课堂。不管是新课、复习课还是习题课，每一节课华琳老师都特别认真严谨地对待，甚至有时还利用日常器具开发物理实验，尽可能形象地让学生感受物理知识，更有效地提高学生的科学素养及创新意识。课堂上的每一句话、每一个教学环节的设计，包括每一个提问都要反复琢磨推敲，学生的回答接受情况华琳老师都能牢牢记住，给予分析肯定和回复。精彩课堂的生成不是教师在课堂上作秀，它体现的是教师对学生的真诚尊重，以学生的成长和发展为目的。教师要发掘教材的内涵，促使学生体验情感，端正态度。精彩的课堂需要教师充分了解学生，有效地启发学生思考。在《物理教育的苦与乐》一书中，通过具体的教学案例，深入浅出地让我知道了怎样去教好高中物理，如何走轻松高效的教学之道。华琳老师几十年如一日地对教师专业的探索，实在令人钦佩。

做高中物理教师是真的"苦"，做高一班主任的物理教师更是"苦"。高中物理相对初中物理在知识的深度和难度方面都上了一个很大的台阶，教学密度和对学生的学习能力的要求也都有所提高，但学生和学生家长并不是很清楚这些差异。前不久，段考成绩出来后，有些学生拿到分数特别失落，甚至默默流泪，家长也非常焦虑，接连两三周我不断地利用课余时间找学生谈心，分析情况，家长的电话也是连续不断。"我的孩子初中物理成绩很好，怎么上高中后就变得这么差？""小孩是不是对高中物理课没兴趣了，听说高中老师讲课都特别快，这样的成绩上不了大学吧！"……家长很少过问孩子的学习能力、学习过程，关注的只是分数。每每遇到这样的情况，我都倍感无力。在《物理教育的苦与乐》一书中，那些个性化的教育故事和教育感悟，解除了我在教学工作中遇到的种种困惑。

正如书中序言中讲到的，"人总是因缘而聚，又因同样的经历而情越深"。教师作为学生成长的引路人，必须使自己的心灵丰富起来。成长贵在自我的觉醒，贵在坚持。华琳老师的教学观、学生观和人生价值观深深地影响着我，让我深知教师专业发展的空间是巨大的，让我有不断追求进步的动力。感谢华琳老师，感谢《物理教育的苦与乐》！